O DIREITO DE MANIFESTAÇÃO

ÂMBITO DE PROTECÇÃO E RESTRIÇÕES

SÉRVULO CORREIA

Professor da Faculdade de Direito de Lisboa

O DIREITO DE MANIFESTAÇÃO

ÂMBITO DE PROTECÇÃO E RESTRIÇÕES

O DIREITO DE MANIFESTAÇÃO
ÂMBITO DE PROTECÇÃO E RESTRIÇÕES

AUTOR
SÉRVULO CORREIA

EDITOR
EDIÇÕES ALMEDINA, SA
Rua da Estrela, n.º 6
3000-161 Coimbra
Tel.: 239 851 904
Fax: 239 851 901
www.almedina.net
editora@almedina.net

PRÉ-IMPRESSÃO • IMPRESSÃO • ACABAMENTO
G.C. – GRÁFICA DE COIMBRA, LDA.
Palheira – Assafarge
3001-453 Coimbra
producao@graficadecoimbra.pt

Julho, 2006

DEPÓSITO LEGAL
245280/06

Os dados e as opiniões inseridos na presente publicação
são da exclusiva responsabilidade do(s) seu(s) autor(es).

Toda a reprodução desta obra, por fotocópia ou outro qualquer processo,
sem prévia autorização escrita do Editor,
é ilícita e passível de procedimento judicial contra o infractor.

In memoriam
Professora Doutora Isabel Maria de Magalhães Collaço

NOTA PRÉVIA

As páginas que se seguem formam – apenas com um ou outro curto aditamento e alguns aperfeiçoamentos estilísticos – o texto comunicado, em fins de Março, aos membros do Júri de provas de agregação em Direito (Grupo de Ciências Jurídico-Políticas) por mim prestadas, na Universidade de Lisboa, em 3 e 4 de Abril de 2006. Extraí do presente escrito a lição de síntese que constituiu o objecto de uma das três provas.

A estrutura deste trabalho corresponde rigorosamente, como manda a lei, ao plano apresentado na Reitoria, em inícios de Setembro de 2005, o qual se transcreve em primeiro lugar.

Ao Professor Doutor Jorge Miranda, agradeço a sugestão deste tema, dada em Junho de 2005, quando eu hesitava na escolha de um assunto de actualidade e ainda relativamente pouco estudado entre nós no âmbito dos Direitos Fundamentais.

Ao Professor Doutor Gomes Canotilho, expresso as minha gratidão e admiração pelo modo, repleto de sabedoria e humanismo, como arguiu a lição.

Lisboa, 10 de Abril de 2006

J. M. Sérvulo Correia

PLANO DA LIÇÃO DE SÍNTESE

§1 *Introdução*

    I. Apresentação do tema: as dificuldades na caracterização do interesse de liberdade protegido e dos fundamentos e modos de restrição da protecção.

    II. O papel da manifestação no Estado de direito democrático.

§2 *Fontes*

    III. O direito de manifestação na História do constitucionalismo português.

    IV. O enquadramento normativo vigente.

§3 *Âmbito de protecção*

    V. Natureza e função do âmbito de protecção do direito fundamental.

    VI. O interesse de liberdade protegido.

    VII. A protecção do interesse de liberdade através da afectação de posições de vantagem.

VIII. Os comportamentos grupais excluídos do âmbito de protecção ao nível da Constituição.

IX. O conceito constitucional de manifestação.

§4 As restrições legislativas ao direito de manifestação

X. Natureza e autoria das restrições aos direitos fundamentais.

XI. As restrições legislativas de tempo e lugar.

XII. A definição legislativa de medidas de polícia das manifestações.

XIII. As restrições legislativas de natureza estatutária.

§5 As restrições administrativas ao direito de manifestação

XIV. A polícia administrativa das manifestações: ponderação de direitos e outros bens constitucionais em conflito e margem de livre decisão.

XV. O controlo jurisdicional das medidas de polícia das manifestações: jurisdição e intensidade.

§6 Conclusões

XVI. O cotejo do âmbito de garantia efectiva de manifestação com o âmbito *prima facie* da protecção constitucional: uma consecução satisfatória?

§ 1
INTRODUÇÃO

I. *Apresentação do tema: as dificuldades na caracterização do interesse de liberdade protegido e dos fundamentos e modos de restrição da protecção*

1. No n.º 2 do seu artigo 45.º, a Constituição reconhece o direito de manifestação a todos os cidadãos. Num primeiro relance, porém, o preceito apresenta-se extremamente despojado (para não dizer esfíngico ...) no tocante à extensão e alcance do direito de manifestação.

A letra da Lei Fundamental apenas nos diz garantir o direito de manifestação e fazê-lo segundo um ditame de universalidade[1]. Em compensação:

a) não adianta directamente os elementos que, *prima facie*, materializam o *âmbito de protecção* do direito[2];

---

[1] Sobre o princípio da universalidade dos direitos fundamentais, cfr., entre outros: JORGE MIRANDA, *Direitos Fundamentais*, p. 215 s.; GOMES CANOTILHO, *Direito Constitucional*, p. 410 e 416; ALEXY, *Theorie der Grundrechte*, p. 361.

[2] Sobre conceitos como os de *âmbito de protecção do direito fundamental (grundrechtlich Schutzbereich)*, hipótese normativa do preceito que estabelece o direito fundamental *(Tatbestand der einzelnen Grundrechtsnorm)*, âmbito objectivo *(gegenstandlich Bereich)*, bem jurídico específico *(eigentliche Schutzgut)*, objecto material nuclear da protecção *(materielles Hauptgegenstand des Schutzes)*, âmbito normativo *(Normbereich)* de um direito fundamental, entre outros semelhantes, ver: LERCHE, *Grundrechtlicher Schutzbereich*, p. 746 a 749.

b) apenas parece exercer a *reserva de previsão constitucional de restrições* no artigo 270.º, que as admite num âmbito estritamente estatutário;

c) não estabelece, quer globalmente, quer para o direito de manifestação em especial, qualquer feixe de *standards* finalísticos justificativos de restrições.

Sabendo nós que o *âmbito de garantia efectiva* de um direito fundamental se obtem ao subtrair ao âmbito de protecção proclamado *prima facie* o efeito ablativo das intervenções restritivas legítimas[3], encontramos, portanto, uma fonte de incerteza, no silêncio do n.º 2 do artigo 45.º, quanto à existência de quaisquer limites ou à admissibilidade de quaisquer restrições ao direito de manifestação.

No tocante ao circumvizinho direito de reunião, o n.º 1 do artigo 45.º enuncia expressamente um limite ao objecto material de protecção, quando deste retira as reuniões que não sejam pacíficas ou sem armas. Pelo contrário, o n.º 2 não estabelece expressamente essa ou quaisquer outras demarcações negativas do âmbito normativo do bem constitucionalmente protegido. E também não parece fácil, ou mesmo possível, destrinçar, a partir do confronto entre o âmbito do *Tatbestand* normativo do direito de manifestação e os de outros direitos fundamentais potencialmente colidentes, ou valores constitucionais com os quais possa entrar em conflito, limites imanentes do programa normativo do n.º 2 do artigo 45.º, ou seja, limites objectivos fixos, não dependentes de demarcação através de ponderação à luz das circunstâncias de cada caso concreto[4].

---

[3] Cfr. GOMES CANOTILHO, *Estudos*, p. 199.

[4] Sobre *limites imanentes* com a natureza de limites absolutos, v. VIEIRA DE ANDRADE, *Direitos Fundamentais*, em particular p. 294 e 295. Para um exame crítico das várias doutrinas imanentistas, acusadas de assentarem em «ponderações apócrifas» e de dificultarem uma aplicação firme dos «limites dos limites» (*Schranken – Schranken*), devido a uma fuga para a cláusula geral do carácter por natureza limitado dos direitos fundamentais, cfr. von ARNAULD, *Die Freiheitsrechte*, p. 68 a 89.

A isto acresce que o esfíngico n.º 2 do artigo 45.º não formula qualquer permissão de introdução de restrições pelo legislador. Se devesse vingar uma interpretação literal estrita da disposição do n.º 2 do artigo 18.º, seríamos forçados a concluir que se encontrariam vedadas quaisquer subtracções, pela lei ou com base na lei, de situações de exercício correspondentes a uma ideia *prima facie* de manifestação.

E a obscuridade, que assim rodeia à partida a hipótese de o *âmbito de garantia efectiva* se apresentar com uma dimensão inferior à do *âmbito de protecção constitucional prima facie*, adensa-se ainda perante a dificuldade de uma visão clara sobre aquilo que possa ser o *conteúdo essencial* do direito de manifestação, cuja extensão e cujo alcance o n.º 3 do artigo 18.º manda que não sejam diminuídos por leis restritivas.

Um único discreto factor de clarificação, ou seja, uma difusa indicação de que a Constituição antevê o estabelecimento de restrições ao nível legislativo, é o que resulta da leitura conjugada dos n.ºˢ 1 e 2 do artigo 45.º. Falamos, naturalmente, de restrições sem âmbito estatutário, e não daquelas que o artigo 270.º consente quanto a militares e agentes militarizados dos quadros permanentes em serviço efectivo, bem como a agentes dos serviços e das forças de segurança. Mas – voltando aos n.ºˢ 1 e 2 do artigo 45.º – dir-se-ia, à primeira vista, que estes dois preceitos se orientam em sentidos inversos, visto que apenas o n.º 1 contem a proibição expressa de um modo de restrição, consistindo na sujeição a autorização. Tomada à letra, esta diferença poderia constituir objecto de leituras de sinal inverso: o absoluto silêncio do n.º 2 tanto poderia significar à primeira vista, em comparação com a proibição do n.º 1, o barramento da admissibilidade de quaisquer restrições, como, pelo contrário, uma posição de maior abertura, com o sentido de não oposição à sujeição do exercício do direito de manifestação a autorização administrativa. Por mim, penso, pelas razões adiante expostas, que, não obstante os cuidados hermenêuticos requeridos quanto ao raciocínio *a contrario*⁵, o n.º 1 do artigo 45.º deixa aberta a porta à introdução legislativa de outras restrições ao direito de reunião, mas não à sujeição a autorização administrativa. Como adiante melhor se verá, este entendimento permite concluir que, apesar do carácter enviezado, se encontra na redacção do artigo 45.º uma legitimação da amputação legislativa de alguns modos ou faculdades de agir que não seriam em abstracto alheios ao tipo de comportamento social denominado *manifestação*, o qual, na sua versão caracterizada pela natureza pacífica e desarmada, constitui a máxima extensão concebível do *Tatbestand* do n.º 2.

2. Importa, em suma, em face do carácter pouco explícito do texto constitucional, tentar desvendar, segundo um raciocínio discursivo guiado pela metódica dos direitos fundamentais, a precisa dimensão do *âmbito de protecção* jusfundamental da liberdade de manifestação.

Uma vez concretizada essa plataforma de partida, passarei à análise dos *fundamentos e modos de restrição*, na actual ordem jurídica portuguesa, de um direito de manifestação entrevisto à luz do delineamento constitucional dos seus máximos alcance e extensão.

---

⁵ Normalmente, o argumento *a contrario* conduz à conclusão de que um certo silêncio do legislador não abre um espaço de regulação ao preenchimento analógico, antes apontando, consoante os casos, para uma intencional ausência de disciplina ou para uma solução normativa de sentido oposto à estatuição expressa que, por antinomia, lhe serve de referência. Cfr. BETTI, *Teoria Generale della Interpretazione*, II, p. 843; RÜTHERS, *Rechtstheorie*, p. 494 e 495.

No tocante ao artigo 45.º da Constituição, dir-se-ia que, perante o princípio da necessidade de autorização constitucional das leis restritivas de direitos, liberdades e garantias, a proibição expressa da sujeição do exercício do direito de reunião a autorização só aparece como necessária à luz de um reconhecimento implícito de que, pelo contrário, são admitidos (por força da necessidade de acomodação com outros direitos fundamentais ou valores constitucionais) outros tipos de restrição.

Assim contrapostas a dimensão ideal e a dimensão efectiva, será o momento de concluir com um juízo de valor sobre o grau de consecução da *liberdade de manifestação* enquanto bem constitucionalmente garantido.

Este é, pois, o objecto da presente lição. Não se pretende passar sistematicamente em revista o regime legislativo do exercício da liberdade de manifestação. Para tal tarefa, não poderia bastar o espaço de uma hora[6].

Não constitui, assim, meu propósito um exame global e predominantemente descritivo e exegético. Trata-se apenas de determinar analiticamente o bem *prima facie* protegido pela enunciação constitucional da liberdade de manifestação e de lhe contrapor em seguida os fundamentos e modos por que tal protecção tendencial pode ser convertida em uma área mais reduzida de garantia efectiva.

II. O papel da manifestação no Estado de direito democrático

3. A actual Constituição portuguesa seguiu um caminho pouco trilhado, ao reconhecer como figura autónoma o *direito de manifestação*, emparelhando-o embora num só artigo com o direito de reunião. Nessa relativa separação das duas figuras, a nossa Lei Fundamental constitui um exemplo assaz raro. A Declaração Universal dos Direitos do Homem (artigo 20, n.º 1), o Pacto Internacional sobre Direitos Civis e Políticos (artigo 21), a Convenção Europeia dos Direitos do Homem (artigo 11, n.º 1) e a Carta dos Direitos Fundamentais da União

---

[6] Para uma exposição oral omnicompreensiva do regime legislado da manifestação, no quadro de uma prévia determinação dos respectivos conceitos na história constitucional, no Direito Constitucional comparado e no Direito Internacional dos Direitos Humanos, reservava JORGE MIRANDA dois tempos lectivos e sob a expressa ressalva de que se não trataria de expor «toda a matéria» mas apenas noções fundamentais. Cfr. *Relatório*, p. 483, 484 e 542 a 545.

Europeia (artigo 12, n.º 1) apenas referem a *liberdade de reunião pacífica*. Muitas de entre as Constituições mais próximas da nossa não se referem à *manifestação* pelo seu nome e como objecto de um direito fundamental formalmente autónomo do direito de reunião, limitando-se a destacar, no âmbito deste último, o exercício a céu aberto (Lei Fundamental alemã, artigo 8, n.º 2), ou em lugar público (Constituição da República Italiana, artigo 17, inciso 3).

E, no entanto, a manifestação tem vindo, nas sociedades contemporâneas, a superar em importância as formas clássicas de reunião em lugares particulares ou meramente abertos ao público. O papel daquelas foi em grande parte substituído pela comunicação e debate através da rádio, televisão e Internet, ao passo que o impacto da manifestação não deixou de ir crescendo[7]. Como interacção tornada possível pela vizinhança física de uma pluralidade de indivíduos, ela potencia, graças ao peso da multidão, o propósito e a intervenção individual de cada manifestante[8]. Se nos grandes e, até, médios centros urbanos, o tradicional papel da praça pública como local de expressão do pensamento e formação da opinião se foi perdendo, o cortejo – uma manifestação que circula – dá visibilidade a pretensões colectivas e exibe fisicamente o carácter partilhado de certas opções aos olhos do cidadão isolado[9].

Numa sociedade democrática, o acto de se manifestar não tem por conteúdo a imediata participação do cidadão no exercício do poder público[10]. Mas aquela conduta representa para o cidadão uma oportunidade de, em alguma medida, se compensar do défice da representação assente nos processos eleitorais[11] e de

---

[7] Cfr. BARTOLOMÉ CENZANO, *Libertades Públicas*, p. 181.
[8] PACE, *Libertà Costituzionali*, p. 300 e 307.
[9] Cfr. BARBERA, in: *Studi C. Esposito*, p. 2725 e 2742.
[10] Cfr. KLOEPFER, *Versammlungsfreiheit*, p. 745 e 746.
[11] Cfr. HERZOG, in: *Maunz/Dürig*, artigo 8, p. 7; BENDA, in: *Bonner Kommentar*, artigo 8, p. 8 e 9.

exercer influência sobre o processo político e a formação da opinião pública em geral[12].

Ao passo que, nas sociedades pós-modernas, a representação parlamentar dificilmente reflecte o número e a variedade dos grupos de interesses, dos seus cadernos reivindicativos e das suas pretensões de reposição de direitos preteridos, e não dá vazão às respectivas exigências de controlo político do executivo, a manifestação torna audível o protesto dos descontentes e dos insatisfeitos e chama a atenção da opinião pública para vias descuradas de progresso social[13]. Ela revela-se, por isso, um dos instrumentos mais potentes da afirmação do pluralismo na sociedade democrática e do asseguramento da liberdade de expressão às minorias[14].

Não se trata, porém, apenas de um instrumento de compensação das situações minoritárias e da relativa impotência do cidadão crítico mas isolado. As normas que asseguram a liberdade de manifestação constituem um instrumento (entre outros) de abertura comunicativa ao nível global da sociedade. Como veículo jurídico de expressão colectiva de pensamento, mensagens e convicções[15], a manifestação é, na sua dupla natureza de *feixe garantido de intervenções individuais em conjunto* e de *subsistema normativo de garantia*, simultaneamente *conduta comunicativa* e *estrutura comunicativa*. A estrutura assume-se neutra em face dos conteúdos das condutas. Aquilo que importa é a preservação do dinamismo de um espaço público (*Öffentlichkeit*) de livre intercâmbio de ideias e propostas e de formação interparticipada da opinião, em que mergulham as suas raízes as instituições parlamentares, administrativas e judiciárias[16]. Como liber-

---

[12] Cfr. HESSE, *Grundzüge*, p. 176.
[13] Cfr. KLOEPFER, *Versammlungsfreiheit*, p. 740 e 744.
[14] Cfr. LETURCQ, *Standards*, p. 125 e 129; YOUROW, *The Margin of Appreciation*, p. 137.
[15] Cfr. BARBERA, in: *Studi C. Esposito*, p. 2724 e 2728; HERZOG, in: Maunz/Dürig, artigo 8, p. 7.
[16] Cfr. HABERMAS, *Faktizität und Geltung*, p. 436 e 448.

dade de expressão colectiva constitucionalmente garantida, a manifestação constitui, nas suas vertentes objectiva, enquanto norma, e subjectiva, enquanto direito individual, uma peça do processo democrático de exercício das liberdades comunicativas. Sem prejuízo do carácter diferenciado, e até antitético, das mensagens e propostas, releva o consenso procedimental, isto é, a disposição suficientemente generalizada para respeitar essa praxis comunicativa em tudo aquilo que lhe seja essencial. O pluralismo social e ideológico encontra uma fórmula de coexistência em fundamentais figuras jurídico-políticas comuns, que servem de centro de referência ao patriotismo constitucional[17].

Não parece, assim, arriscado sugerir que, com a manifestação, enquanto prática social e instituto jurídico, o fenómeno de um espaço institucional de livre expressão e divulgação do pensamento e da informação se justapõe à realidade física e social do *lugar público*, por excelência o território reservado à livre presença e circulação dos cidadãos.

---

[17] Cfr. HABERMAS, *Die Einbeziehung*, p. 262 e 264.

§ 2
FONTES

III. *O direito de manifestação na História do constitucionalismo português*

4. Em Portugal, foi a Constituição de 1976 a primeira a autonomizar formalmente o *direito fundamental de manifestação*. Com excepção da Constituição de 1822, que a não incluía no seu elenco de liberdades, todos os textos constitucionais portugueses salvaguardaram a *liberdade de reunião*. Curiosamente, foi, de entre todas as anteriores Constituições portuguesas, a de 1838 a única a qualificar a reunião garantida como «feita tranquilamente e sem armas» e a distinguir, no § 2.º do artigo 14.º, as reuniões que se realizassem «em lugar descoberto» para o efeito de estabelecer quanto a elas a obrigatoriedade de aviso prévio à autoridade competente. No modo como configurou, embora sem o denominar, o direito de manifestação, o velho texto de 1838 foi, portanto, bafejado por um sopro de modernidade que não beneficiou qualquer das outras anteriores Constituições portuguesas.

Ao não diferenciarem as reuniões em lugar descoberto para o efeito de só quanto a elas permitirem a exigência de aviso prévio, tanto a Carta Constitucional (Acto Adicional de 1885, artigo 10.º), como a Constituição de 1911 (artigo 3.º, n.º 14.º) e a Constituição de 1933 (artigo 8.º, n.º 14.º), que todas elas remetiam para leis especiais a determinação da forma e condições do respectivo exercício, abriam o caminho, no mínimo, a que se sujeitassem também as reuniões em lugar fechado ao aviso prévio. Era o que sucedia nos últimos anos da Monarquia e, pelo menos, durante os primeiros anos da República[18]. Na vigência da Constituição de 1933, as restrições agravaram-se substancialmente: as reuniões não podiam realizar-se nas praças e vias públicas, o que significava, para todos os efeitos, a proibição legislativa das manifestações. E quaisquer reuniões «de propaganda política ou social» dependiam de autorização do governador civil[19].

IV. O enquadramento normativo vigente

5. O regime geral do direito de manifestação consta, hoje, no plano legislativo, do Decreto-Lei n.º 406/74, de 29 de Agosto. Anterior à Constituição, o Decreto-lei n.º 406/74 não se encontra estruturado em torno de uma contraposição entre direito de reunião e direito de manifestação, ainda que com o propósito de submeter este último a um regime apenas parcialmente especial. O n.º1 do artigo 1.º deste diploma proclama globalmente um direito de reunião pacífica «em lugares públicos, abertos ao público e particulares, independentemente de autorizações, para fins não contrários à lei, à moral, aos direitos das pessoas singulares ou colectivas e à ordem e à tranquilidade públicas». No entanto, o artigo 2.º distingue «reuniões, comícios, manifestações ou desfiles em lugares públicos ou abertos ao público» para

---

[18] Segundo MARNOCO E SOUZA, em 1913, o direito de reunião mantinha-se regulado pela Lei de 26 de Julho de 1893, segundo a qual as reuniões não dependiam de prévia licença, tendo os promotores simplesmente a obrigação de participar por escrito, à autoridade pública, o dia, hora, local e objecto da reunião. Cfr. *Constituição Política – Comentário*, p. 112.

[19] Cfr. MARCELLO CAETANO, *Manual*, II, p. 1160. O regime das reuniões decorria do Decreto-Lei n.º 22468, de 11 de Abril de 1933, e do artigo 10.º do Decreto-Lei n.º 37447, de 13 de Junho de 1949.

efeito de os submeter a *aviso prévio* por escrito e com a antecedência mínima de dois dias úteis, dirigido ao governador civil ou ao presidente da câmara municipal, «conforme o local da aglomeração se situe ou não na capital do distrito». Para efeito desta importante restrição ao direito fundamental que é a necessidade de aviso prévio, o legislador trata unitariamente as reuniões em lugares públicos ou abertos ao público. Importou deste modo qualificações próprias do Direito constitucional italiano da reunião, mas com a peculiaridade de submeter também ao aviso prévio as reuniões em *lugar aberto ao público*, ao passo que, no seu artigo 17, a Constituição italiana procede precisamente ao contrário[20].

Incluindo um ou outro preceito que se aplicam às reuniões em «lugares particulares» (artigo 1.º, n.º 1) – também denominadas reuniões «em recinto fechado» (artigo 10.º, n.º 1) ou «em lugares fechados» (artigo 10.º, n.º 2), o Decreto-Lei versa sobretudo as reuniões em lugares públicos ou abertos ao público ou, mesmo, só às efectuadas em lugares públicos, às quais também chama, com ou sem propósito específico consoante a matéria das regras, «comícios», «manifestações», «desfiles» e «cortejos». Pode, pois, concluir-se, que, embora incidindo sobre a liberdade de reunião em sentido amplo, o diploma visou fundamentalmente o respectivo exercício sob a modalidade da *manifestação*.

O Decreto-Lei n.º 406/74, de 29 de Agosto, – que constitui ainda hoje a sede do regime geral dos direitos de reunião e manifestação – ressente-se da anterioridade relativamente à

---

[20] É o seguinte o texto do artigo 17 da Constituição da República Italiana:

«Os cidadãos têm o direito de se reunir pacificamente e sem armas.

Não é necessário qualquer aviso prévio para as reuniões, incluindo aquelas que se realizem em lugares abertos ao público.

As reuniões num lugar público devem ser anunciadas previamente às autoridades, as quais as não poderão proibir senão por motivos confirmados de segurança e de saúde pública».

Constituição e de múltiplas imperfeições e insuficiências, de entre as quais adiante referirei aquelas que se incluem no tema que me proponho tratar.

6. A disciplina legislativa do direito de manifestação passa ainda pela presença de alguns preceitos que lhe respeitam em diplomas que a não têm como objecto central.

Ficam deliberadamente de fora da presente exposição as regras especiais da liberdade de reunião e manifestação para a prática de culto religioso[21], da liberdade de reunião eleitoral[22] e da liberdade de organização de piquetes de greve[23]. São áreas em que se conjuga o exercício da liberdade de manifestação com o de outros direitos, liberdades e garantias. A manifestação serve, por assim dizer, de veículo para o exercício desses outros direitos, cujos resultados pode, até, potenciar. Mas nem por isso se conclui que ocorra uma mutação qualitativa por força de uma fusão transformadora. Os diferentes direitos simultaneamente exercidos mantêm a sua identidade e as vertentes existenciais a que respeita

---

[21] Nos termos do artigo 8.°, alínea f), da *Lei de Liberdade Religiosa* (Lei n.° 16/2001, de 22 de Junho), a liberdade de consciência, de religião e de culto compreende, entre outros, o direito de reunir-se e manifestar-se com outros de acordo com as próprias convicções em matéria religiosa, sem outros limites além dos previstos no artigo 45.° da Constituição.

[22] Sobre a conformação especial dos direitos de reunião e de manifestação durante as campanhas eleitorais, v. JORGE MIRANDA, *Direitos Fundamentais*, p. 490 e 491. Esta conformação traduz um regime menos restritivo do que o geral, dada a ausência de limites de horas a cortejos e desfiles e o dever para o Estado de assegurar a repartição pelas diversas candidaturas, por igual, dos lugares públicos.

[23] O artigo 594.° do Código do Trabalho, aprovado pela Lei n.° 99/2003, de 27 de Agosto, reconhece o direito das associações sindicais e das comissões de greve de organizar piquetes para desenvolver actividades tendentes a persuadir os trabalhadores a aderirem à greve, por meios pacíficos, sem prejuízo do reconhecimento da liberdade de trabalho dos não aderentes. Sobre a inclusão da constituição de piquetes de greve no *direito de liberdade de greve*, v. BERNARDO XAVIER, *Direito de Greve*, p. 238.

a sua garantia constitucional própria. A concomitância de outras garantias não reforça nem enfraquece a protecção constitucional da liberdade de se manifestar como bem específico, a qual, salvo regras especiais, mantem, para o efeito das faculdades de organizar e de participar numa manifestação, o correspondente regime[24-25].

Para o tratamento do tema escolhido, interessam, em contrapartida, alguns preceitos da legislação avulsa. Uns tantos de entre eles sancionam comportamentos abrangidos pela *área de regulação* (*Regelungsbereich*) do n.º 2 do artigo 45.º da Constituição, mas que este preceito deixa de fora do *âmbito de protecção* da liberdade de manifestação[26]. Outros desses preceitos de legislação avulsa sancionam comportamentos violadores de normas restritivas da liberdade de manifestação. Finalmente, alguns outros preceitos estabelecem restrições que se vêm cumular àquelas que decorrem da lei geral de manifestação. Preceitos sancionatórios são os artigos 302.º e 303.º do Código Penal, sobre a participação em motim, e o artigo 304.º, sobre a desobediência a uma ordem de dispersão de reunião pública. No tocante a normas restritivas avulsas, importam particularmente as que estabelecem restrições da liberdade de manifestação de militares e agentes militarizados dos quadros permanentes em serviço efectivo e de agentes dos serviços e das forças de segurança, no âmbito da permissão enunciada pelo artigo 270.º da Constituição.

---

[24] Cfr. NACCI, *Libertà di Riunione*, 162; PACE, *Libertà costituzionali*, p. 300.

[25] Estes tópicos constam do programa e conteúdos de ensino de uma disciplina de Direitos Fundamentais, apresentados por JORGE MIRANDA em provas de agregação, em 1984. Mas, para a leccionação da matéria de liberdade de reunião e manifestação, previa o ilustre constitucionalista o emprego de dois tempos lectivos. Cfr. *Direitos Fundamentais*, p. 483 e 542 a 545.

[26] Como explica LERCHE, a *área de regulação* (*Regelungsbereich*) da norma que enuncia o direito fundamental é constituída pela esfera vital (*Lebenssphäre*) sobre a qual esse direito intervem (*Grundrechtlicher Schutzbereich*, p. 748). Ao incidir sobre esse aspecto material da vida e da realidade social, a norma jusfundamental pode seccioná-lo, incluindo alguns dos seus elementos no âmbito de protecção e deixando outros de fora, como sucede com as manifestações que se não mostrem pacíficas e sem armas.

Relevam assim, desde logo, os artigos 31.º a 31.º-C e 31.º--E da *Lei de Defesa Nacional e das Forças Armadas* (Lei n.º 29//82, de 11 de Dezembro, com os acréscimos introduzidos pela Lei Orgânica n.º 4/2001, de 30 de Agosto). Destes, respeitam especificamente ao direito de reunião e ao direito de manifestação, respectivamente, os artigos 31.º-B e 31.º-C. Mas os restantes preceitos mencionados interessam ao equacionar globalmente a titularidade e o exercício de direitos, liberdades e garantias pelos militares em efectividade de serviço dos quadros permanentes e em regime de voluntariado e de contrato (artigo 31.º) e ao dispor sobre o exercício pelos mesmos de outros direitos estreitamente conexos com o de manifestação, como o são a liberdade de expressão (artigo 31.º-A) e o direito de petição colectiva (artigo 31.-E).

Por seu turno, o artigo 15.º do *Estatuto dos Militares da Guarda Nacional Republicana* (Decreto-Lei n.º 265/93, de 31 de Julho) estende-lhes as «restrições constitucionalmente previstas com o âmbito pessoal e material que consta da Lei de Defesa Nacional e das Forças Armadas».

Finalmente, importa o artigo 6.º, alínea c), do regime de exercício de direitos do pessoal da Polícia de Segurança Pública, aprovado pela Lei n.º 6/90, de 20 de Fevereiro, que, tal como cerceado no seu conteúdo inicial pelo artigo 3.º, alínea c), da Lei n.º 14/2002, de 19 de Fevereiro, sobre o exercício da liberdade sindical destes agentes policiais, estabelece restrições ao exercício do direito de manifestação.

Convém ainda lembrar que, a par destas normas restritivas de âmbito subjectivo, o *Código da Estrada* estabelece outras de natureza objectiva, a que adiante aludirei[27].

---

[27] O *Código da Estrada* encontra-se aprovado pelo Decreto-Lei n.º 44//2005, de 23 de Fevereiro. Importam em particular os respectivos artigos 3.º, sobre liberdade de trânsito, e 8.º, na parte em que dispõe sobre a utilização das vias públicas «para a realização de actividades de carácter desportivo, festivo ou outras que possam afectar o trânsito normal» sujeitando-as a autorização «pelas autoridades competentes».

7. Foram já referidos os textos de Direito Internacional mais relevantes para o tema e foi salientado que todos se referem, aliás, apenas a um superconceito de reunião, e não especificamente à manifestação. Uma vez que a nossa Constituição garante expressamente o direito de manifestação, o contributo directo daquelas fontes manifesta-se sobretudo a propósito dos *standards* finalísticos que antepõem às leis restritivas. Mas esse contributo não tem sempre o mesmo valor.

O maior relevo cabe à identificação, no n.º 2 do artigo 29 da Declaração Universal dos Direitos do Homem, do reconhecimento e respeito dos direitos e liberdades dos outros e das justas exigências da moral, da ordem pública e do bem estar numa sociedade democrática como sendo os fins cuja prossecução poderá justificar as leis limitativas. Por força da remissão do artigo 16.º, n.º2, da Constituição, esta *cláusula geral* tem valor integrativo dos preceitos do artigo 45.º, n.º 2, e do artigo 270.º da nossa Lei Fundamental[28].

Efeito diferente, porque a sua eficácia normativa é infraconstitucional, é o dos *standards* explicitados nos textos de natureza convencional. O artigo 21 do *Pacto Internacional dos Direitos Civis e Políticos* acrescenta ao elenco da cláusula geral da *Declaração Universal dos Direitos do Homem*, especificamente como escopos justificativos de limitações do direito de reunião pacífica em conformidade com a lei, os interesses da segurança nacional, da segurança pública e da protecção da saúde. O n.º 2 do artigo 11 da *Convenção Europeia dos Direitos do Homem* junta, por seu turno, ao elenco a prevenção do crime e admite expressamente a imposição de restrições legítimas ao direito de reunião aos membros das Forças Armadas, da polícia ou da Administração do Estado. Mas as duas Convenções estabelecem *parâmetros mínimos*, que não prejudicam níveis mais elevados de protecção jusfundamental por parte dos Estados. Com efeito, elas desti-

---

[28] Cfr. JORGE MIRANDA, in *Archiv des Völkerrechts*, Band 34, Heft 1, Março de 1996, p. 83.

nam-se a fundar obrigações internacionais dos Estados que se lhes vinculam, pelo que em nada impedem a opção por níveis reforçados de protecção à escala interna. O Pacto e a Convenção desempenham um papel subsidiário relativamente ao sistema nacional de protecção dos direitos fundamentais[29]. E, por seu turno, a Constituição mantem-se impermeável a quaisquer fundamentos habilitantes de restrições decorrentes daqueles tratados, quando os mesmos se não incluíssem no elenco de valores e outros bens que alcançam, no sistema da própria Lei Fundamental, dignidade suficiente para os transformar em pólos de eventual conflito[30].

O problema põe-se mais uma vez em termos distintos quando se trata da *Carta dos Direitos Fundamentais da União Europeia*. Como se sabe, enquanto não estiver incorporada num tratado, a Carta não tem força normativa própria. No entanto, os órgãos comunitários, a começar pelo próprio Tribunal de Justiça Europeu, têm-na assumido como «fonte atípica», a título de instrumento de revelação ou cognição dos direitos comuns às tradições constitucionais dos países da União e, nessa medida, princípios gerais do Direito comunitário[31]. Importa, de qualquer modo, ter uma noção clara sobre aquilo que poderá suceder no dia (que sempre acabará por chegar) em que vier a ser reconhecida força normativa directa à Carta, com a actual ou com uma melhorada redacção, tornando-se, portanto, inequívoca a obrigação da sua observância

---

[29] Veja-se, por exemplo, uma referência ao carácter subsidiário do sistema da CEDH relativamente aos sistemas nacionais de protecção dos direitos do homem em de Salvia, *Lineamenti*, p. 57.

[30] Sobre a necessidade de interpretar os *standards* restritivos constantes do PIDCP e da CEDH de modo a reconduzi-los à cláusula geral do n.º 2 do artigo 29 da DUDH, v. Jorge Miranda, *Archiv des Völkerrechts*, Band 34, Heft 1, Março de 1996, p. 87.

[31] Cfr. Barbera, *La Carta Europea dei Diritti*, p. 121. Sobre a invocação da Carta que já vem sendo feita perante o Tribunal de Justiça, ver: Maria Luisa Duarte, in: *Estudos em Homenagem à Professora Doutora Isabel de Magalhães Collaço*, I, p. 739 s.

pelos órgãos do Estado Português quando apliquem o Direito da União. No tocante, designadamente, ao direito de manifestação, poderia surgir um problema se se entendesse que o *standard* justificativo de restrição, constituído pelos *objectivos de interesse geral reconhecidos pela União* (artigo 52.º, n.º 1, da Carta) possuísse um âmbito material total sem correspondência com o catálogo de bens jurídicos que, no sistema da Constituição portuguesa ou por força dele, poderão justificar restrições.

Se se chegasse à conclusão de ser o Direito Constitucional português mais fechado à restrição do direito de manifestação do que o Direito comunitário, poderiam suscitar-se dificuldades, dada a frequência com que manifestações são levadas a cabo para criar obstáculos à livre circulação intracomunitária de mercadorias. Pelo *Acórdão do Tribunal de Justiça de 9 de Dezembro de 1997* (*Processo C-265/95*), foi declarado que, ao não tomar todas as medidas necessárias e proporcionadas a fim de que acções de particulares não entravassem a livre circulação de frutas e produtos hortícolas, a República Francesa incumpriu as obrigações que decorrem do artigo 30 do Tratado CE, em conjugação com o artigo 5 do mesmo Tratado.

Segundo o Tribunal, a observância pelos Estados-Membros do princípio fundamental da livre circulação de mercadorias não se esgota no dever de não adoptar medidas que em si mesmas criem restrições, antes incluindo também o dever de tomar todas as medidas necessárias e proporcionadas a fim de que acções de particulares não entravem essa livre circulação. E, muito embora as autoridades nacionais detenham uma margem de apreciação para decidir se há que intervir para salvaguardar a ordem pública e a segurança interna, essa reserva não inibe o Tribunal de Justiça de verificar a *manifesta insuficiência* das medidas para assegurar a livre circulação de mercadorias.

Um ano mais tarde, o Conselho aprovou o *Regulamento (CE) n.º 2679/98, de 7 de Dezembro de 1998*, que tipifica como violação, pelos Estados-Membros, do princípio da livre circulação de mercadorias, essencial à consecução do mercado interno, a omissão de todas as medidas necessárias e proporcionadas ao restabelecimento da livre circulação, designadamente, quando esta seja afectada por acções de particulares que, através de meios físicos ou outros, impeçam, adiem ou desviem a importação, exportação e transporte de mercadorias entre Estados--Membros.

No caso julgado pelo Acórdão do Tribunal de Justiça, houvera emprego de violência, pelo que se não tratava de comportamentos cobertos pela liberdade de manifestação. Mas, no âmbito do *Regulamento n.º 2679/98 do Conselho*, caberão manifestações pacíficas através das quais se proceda ao bloqueio de trânsito de mercadorias graças à interposição física dos manifestantes. O artigo 2.º do Regulamento ressalva o «exercício de direitos fundamentais tal como reconhecidos nos Estados-Membros». Cumpre, porém, perguntar se, perante a ocorrência generalizada ou repetida de manifestações eficazmente orientadas por tal propósito, não poderiam as instâncias comunitárias vir a considerar «omissão» do Estado-Membro a ausência de legislação que previsse a respectiva proibição ou interrupção. E, chegados a esse ponto, teríamos um problema, se se devesse concluir que a *finalidade de assegurar a livre circulação de mercadorias no mercado interno* não coubesse no elenco de bens cuja tutela constitucional representa uma autorização de restrição de direitos fundamentais conflituantes[32].

---

[32] A hipótese considerada é uma daquelas em que, manifestamente, não poderia ser chamado à colação o princípio do *standard* máximo, considerando como padrão de protecção mais elevado o reconhecimento do menor elenco de fundamentos de restrição. Essa solução conduziria ao absurdo de a escassa sensibilidade de um Estado-Membro à necessidade de assegurar a concordância do nível de garantia efectiva de alguns dos seus direitos fundamentais com as liberdades económicas fundamentais do Tratado CE poder conduzir à generalização, em todo o espaço comunitário, de entraves constituídos por níveis de garantia efectiva extremamente disfuncionais. Quanto ao carácter no mínimo muito duvidoso da possibilidade de apreciação dos actos dos Estados-Membros à luz do «princípio» da aplicação ao nível comunitário da

A meu ver, a dignidade constitucional do *standard* constituído pela *efectiva* correspondência das restrições com *objectivos de interesse geral reconhecidos pela União Europeia* encon-

garantia nacional mais elevada, ver: RUI MEDEIROS, *A Carta dos Direitos Fundamentais da União Europeia*, p. 43 s.

É, porém, óbvio que o Direito Comunitário (e, em especial, o originário) não poderá ficar sujeito a aplicações diferentes nos vários espaços nacionais em consequência dos distintos graus de compressão exercidos por distintos níveis constitucionais de tutela jusfundamental. Se assim fosse, comprometido ficaria um indispensável requisito da infraestruturação jurídica do mercado interno: o da igualdade ou uniformidade de aplicação do Direito comunitário nos ordenamentos nacionais (v. MOTA DE CAMPOS, *Direito Comunitário*, p. 369; OPPERMANN, *Europarecht*, p. 31 a 33).

O perigo de um papel disruptor dos direitos fundamentais das Constituições nacionais sobre a unidade da Ordem Jurídica europeia não nasce em princípio dos respectivos *âmbitos de protecção*. Estes são enunciados, tanto nas Constituições, como na Convenção Europeia dos Direitos do Homem, como na Carta dos Direitos Fundamentais da União Europeia, através dos mesmos *topoi* semânticos extremamente despojados. A ausência quase constante de definições substantivas facilita um entendimento uniforme, para o qual contribui na maioria dos casos a interacção das jurisprudências dos Tribunais europeus e dos tribunais de vértice das judicaturas nacionais. A questão pode, pois, revelar-se com maior acuidade a propósito da variabilidade dos *standards* finalísticos justificativos das restrições aos direitos fundamentais. Já se viu que, neste domínio, a unidade de aplicação do Direito comunitário não poderia assentar numa técnica de *standard* máximo: não faria sentido escolher como parâmetro dominante aquele leque mais minguado de finalidades justificativas de restrições e, sobretudo, um leque tão exíguo que nem sequer comportasse como finalidade legitimadora de restrições a necessidade de ter em conta os princípios fundamentais do Direito Comunitário, entre os quais as liberdades fundamentais de natureza económica e o princípio da aplicação uniforme. O Tribunal de Justiça terá, pois, de (como, aliás, tem vindo a fazer) ir identificando *standards* comunitários, assentes nos Tratados institutivos e, quando for o caso, nas tradições constitucionais comuns dos Estados-Membros. Cfr. LORENZA CARLASSARE, *Intervento*, p. 95.

Sobre as linhas gerais do regime de restrição dos direitos da Carta, em parte por remissão para os *standards* da CEDH, v. ANTÓNIO VITORINO, *Carta dos Direitos Fundamentais da União Europeia*, p. 31 a 33.

Sobre a passagem da competência para o Tribunal de Justiça, através das diversas vias de recurso previstas no Tratado que estabelece uma Constituição

tra-se assegurada graças ao disposto pelo n.º 6 do artigo 7.º da Constituição. Os princípios e liberdades fundamentais estruturantes do próprio Tratado CE, entre os quais o da liberdade de circulação de mercadorias, sem a qual não haveria coesão económica, requerem o exercício sintonizado dos poderes estaduais indispensáveis à sua efectivação. A vinculação ao exercício em cooperação desses poderes supõe a possibilidade de restringir o âmbito *prima facie* daqueles direitos fundamentais cujo carácter absoluto embargasse a prestação por Portugal do contributo a que convencionalmente se vinculou.

Este raciocínio assegura a identidade do nível de restrição dos mesmos direitos consignados na Constituição e na Carta na estrita medida da necessidade da realização de *objectivos de interesse geral reconhecidos pela União*. Evita-se desse modo o confronto entre a Carta e a Constituição[33]. Estas considerações só terão valia prática na medida em que os *standards* das justas exigências da ordem pública e do bem-estar numa sociedade democrática (artigo 29.º, n.º 2, da DUDH) não cubram, por si só, a restrição de manifestações para bloqueio do trânsito de mercadorias comunitárias. Na eventualidade da insuficiência dos *standards* gerais, restaria a interpretação dos preceitos conjugados dos artigos 45.º, n.º 2, 18.º, n.º 2 e 7.º, n.º 6, da Constituição em conformidade com o Direito comunitário, a fim de retirar deste os *objectivos de interesse geral reconhecidos pela União* que poderão constituir justificação autónoma de restrições ao direito de manifestação[34].

---

para a Europa, à luz dos preceitos da Carta que consagram direitos fundamentais, do controlo da actividade dos Estados-Membros que aplique Direito da União, v. RUI MOURA RAMOS, in: *Estudos Cardoso da Costa*, II, p. 388 e 389.

[33] Manifestando o receio de um futuro confronto: JORGE MIRANDA, in: *Revista da Faculdade de Direito da Universidade de Lisboa*, 2000, p. 19.

[34] Sobre o princípio da interpretação conforme ao Direito comunitário, cfr. MANIN, *Droit Constitutionnel de L'Union Européenne*, p. 510.

§ 3
ÂMBITO DE PROTECÇÃO

V. *Natureza e função do âmbito de protecção do direito fundamental*

8. A compreensão metodológica da liberdade de manifestação enquanto direito fundamental pressupõe a delimitação do respectivo *âmbito de protecção*, aquilo a que, em alemão, se chama o *Schutzbereich*[35].

O n.º 2 do artigo 45.º da Constituição emprega um *topos* completamente despojado, porquanto não explicita minimamente aquilo que protege sob o nome de *manifestação*. Cumpre, pois, densificar e delimitar essa realidade. A aplicabilidade directa deste preceito (artigo 18.º, n.º 1, CRP) e a sua função paramétrica relativamente aos desenvolvimentos legislativos significam ser possível e necessária uma tarefa hermenêutica apontada para extrair do dispositivo e do seu contexto quais sejam o *bem protegido* e os *meios jurídicos* afectados a essa protecção.

---

[35] Neste sentido, entre muitos outros, GOMES CANOTILHO, *Estudos*, p. 198 e 199; von ARNAULD, *Die Freiheitsrechte*, p. 48.
Quanto à importância dogmática do conceito de *âmbito de protecção (Schutzbereich)*, ver, além dos Autores e das passagens citadas: ISENSEE, *Das Grundrecht als Abwehrrecht und als staatliche Schutzpflicht*, p. 166; LERCHE, *Grundrechtlicher Schutzbereich*, p. 741; MELO ALEXANDRINO, *A greve dos juízes*, rubrica 5.2.; PIEROTH/SCHLINK, *Grundrechte*, p. 50.

Em sentido estrito, o *âmbito de protecção* de um direito fundamental corresponde ao *bem protegido (Schutzgut)*, isto é, um certo bem jurídico da esfera individual indispensável à salvaguarda da dignidade humana. Consoante as dimensões existenciais em causa, os *direitos de defesa* são direitos ao não impedimento de condutas dos seus titulares (é o caso do direito de manifestação), à não lesão de estatutos ou situações jurídicas ou à não eliminação de posições jurídicas. Na primeira destas hipóteses – aquela que nos interessa –, o *bem protegido* é o interesse em desenvolver aquela conduta, cuja protecção significa, em primeiro lugar, o *não impedimento*.

O *âmbito de protecção* corresponde ao perfil *prima facie* do direito fundamental: ele representa tudo aquilo que o direito fundamental proporcionaria ao seu titular antes de se tomarem em conta as restrições válidas. Antes destas restrições válidas, qualquer compressão do bem protegido encontra-se *prima facie* proibida. Num primeiro momento lógico (e, por vezes, cronológico), o *bem protegido* desempenha a função de *Tatbestand*, ou seja, de conjugação dos pressupostos materiais capazes de desencadear o efeito jurídico *prima facie* da proibição das ingerências compressoras. Uma vez introduzidas no ordenamento jurídico *restrições* válidas ao direito fundamental, este papel de *Tatbestand* não se extingue, mas fica reduzido, já que a relação entre bem protegido e compressão se passa a enunciar nos seguintes termos: todas as medidas que envolverem uma compressão do bem protegido e se não fundarem numa restrição válida são definitivamente proibidas.

Com a afirmação do carácter *definitivo* da proibição, significa-se que a invalidade do acto compressor que, num primeiro momento, seria apenas uma invalidade *prima facie*, decorre agora da sua incompatibilidade com um consolidado *âmbito de garantia efectiva*[36].

---

[36] Sobre o *âmbito de protecção* do direito fundamental, centrado num *objecto* constituído por um bem ou interesse jusfundamental protegido na sua

Embora cada direito fundamental corresponda a uma certa vertente das condições de existência ou da actividade do ser humano, o seu *âmbito de protecção* não resulta simplesmente da tipificação dos dados sociais ou antropológicos pré-normativos. Ao elencar os direitos fundamentais, a Constituição move-se por um critério de finalidade: assegurar requisitos essenciais à preservação e promoção da dignidade humana. A demarcação do *âmbito de protecção* obedece a essa finalidade, graças à qual ele é recortado sobre uma realidade prévia mais ampla e axiologicamente desestruturada. A chave finalística da delimitação do *âmbito de protecção* torna-se mais óbvia quando a Constituição a faz pela negativa, ou seja, através da enunciação de «pressupostos negativos». Vem a propósito notar que os autores apontam frequentemente como exemplo desta modalidade a especificação constitucional de que a reunião protegida é aquela que se faça pacificamente e sem armas[37].

Na verdade, no quadro de uma sociedade democrática, as movimentações de pessoas armadas ou por outra forma não pacíficas não possuem qualquer valia, nem sequer *prima facie*, como instrumento de preservação e promoção da dignidade da pessoa humana.

Não se pode dizer que, em momentos como este, a Constituição introduza ela própria restrições ao bem que protege. Pelo contrário, a Constituição explicita, ainda *prima facie*, um *nec plus ultra* à extensão do interesse que lhe merece protecção.

---

máxima extensão prima facie tutelável e sobre a função de *Tatbestand* desempenhada pelo bem protegido relativamente ao desencadeamento dos efeitos jurídicos interditórios em que a defesa consiste, ver, em particular, ALEXY, *Theorie der Grundrechte*, p. 273 a 278. Sobre o *âmbito de protecção* em geral, ver, entre muitos outros possíveis, GOMES CANOTILHO, *Estudos*, p. 198 a 201; MELO ALEXANDRINO, *A greve dos juízes*, rubrica 5.2.; von ARNAULD, *Die Freiheitsrechte*, p. 88 e 89; LERCHE, *Grundrechtlicher Schutzbereich*, p. 746 a 750; PIEROTH/ SCHLINK, *Grundrechte*, p. 50 a 52; STERN/SACHS, *Staatsrecht*, III/2, p. 3 a 30.

[37] Cfr. LERCHE, *Grundrechtlicher Schutzbereich*, p. 747; STERN/SACHS, *Staatsrecht*, III/2, p. 21.

Parece fácil de aceitar que a Constituição não estabeleça ela própria restrições que adelgaçassem um âmbito *prima facie* por ela protegido. A Constituição enuncia os limites fixos do âmbito de protecção *prima facie*. Quanto às restrições desse âmbito, ela apenas permite que tenham lugar em outra sede. Por seu turno, as restrições só fazem sentido como tal a partir de um ponto de referência, que é a área total do bem ou interesse coberto pela protecção *prima facie* da Constituição.

VI. *O interesse de liberdade protegido*

9. Para determinar qual seja o *âmbito de protecção* do direito fundamental de manifestação, importa apurar a natureza do *bem protegido (Schutzgut)* pela Constituição quando refere a *manifestação* como objecto de direito.

Tratando-se de um específico *direito de liberdade*[38], protege-se um *interesse no não impedimento de uma conduta* do titular. Este rechaçado impedimento não é apenas aquele que se revista de carácter absoluto, por tornar impossível a conduta, mas também aquele comportamento alheio que dificulte, por modo a tornar penosa ou diferente em termos menos satisfatórios para o cidadão, a conduta que este pretenda levar a cabo[39]. O *conteúdo* deste direito fundamental é, pois, uma *pretensão de não impedimento* do exercício de uma conduta chamada *manifestação*. O *bem protegido* é o interesse em manifestar-se livremente e o *âmbito de protecção* o exercício sem impedimentos da actividade de manifestação. Tudo converge deste modo para a necessidade de clarificar qual seja o *objecto* do direito, por outras palavras, aquilo em que consiste uma *manifestação* para efeito de uma protecção constitucional *prima facie*.

---

[38] V. GOMES CANOTILHO, *Direito Constitucional*, p. 395; JORGE MIRANDA, *Direitos Fundamentais*, p. 89.

[39] ALEXY, *Theorie der Grundrechte*, p. 174 a 176.

10. O termo *manifestação* não é definido pela Constituição, nem pela DUDH que, aliás, apenas se refere à *reunião*. Há, pois, que proceder à interpretação com recurso a outros elementos. Podemos referenciar quatro *elementos* ou *pilares* de uma interpretação de natureza sistemática do artigo 45.º da Constituição.

Um primeiro elemento é aquele que reside no carácter dicotómico do artigo 45.º. Quando versa dois ou mais direitos, liberdades e garantias num só artigo, a Constituição parte, em regra, de uma forte conexão material entre eles. Existem, portanto, desde logo, razões para partir do princípio de que, entre os bens protegidos e os objectos dos direitos de *manifestação* e *reunião*, haverá continuidade ou porosidade de âmbitos vitais, esferas ou círculos da existência humana.

Cumpre atentar seguidamente na circunstância de apenas no n.º 1 do artigo 45.º se estabelecer expressamente o limite do «pacificamente e sem armas». Dada, no entanto, a maior perigosidade da manifestação em relação às reuniões em espaço fechado ou meramente aberto ao público, existe sem qualquer dúvida maioria de razão para concluir que, na lógica da Lei Fundamental, o mesmo «pressuposto negativo» se aplica no âmbito do n.º 2 do artigo 45.º. Assim sendo, porém, há que extrair a ilação de que a Constituição considera a manifestação como uma espécie de reunião: só esse motivo explica a ausência da repetida formulação do limite.

Mas, a esta materialidade comum, sobrepõe-se o intento de autonomizar, manifestado na sequência dos preceitos do artigo 45.º: a existência, no artigo 45.º, de um n.º 2 especificamente votado à *manifestação* demonstra o intento de salvaguardar alguma peculiaridade para o regime desta. O Direito comparado e a História da disciplina legislativa da reunião em Portugal dizem-nos, aliás, com clareza, qual é o propósito: o de submeter as reuniões efectuadas em lugar público a um regime dotado de uma carga restritiva que seria excessiva para as reuniões em lugar particular ou meramente aberto ao público.

O quarto pilar da interpretação sistemática assenta na referência, feita no n.º 1 e, portanto, a propósito de outro tipo de reuniões que não a manifestação, à respectiva realização «mesmo em lugares abertos ao público». Tem de extrair-se desta passagem que, para a Constituição, manifestações são apenas as reuniões em lugar público.

Em suma, o exame analítico do artigo 45.º revela um conteúdo mais substancioso do que aquele que pareceria resultar à primeira vista da sua parcimoniosa redacção: para a Constituição, *manifestação é uma reunião, num lugar público, feita pacificamente e sem armas, que poderá ser submetida a um regime mais restritivo do que o das outras reuniões.*

Trata-se, porém, ainda tão só de um ponto de partida, visto que esta singela proposição não patenteia satisfatoriamente todos os elementos que integram o *Tatbestand* subjacente ao termo *manifestação*. Em primeiro lugar, haverá que ver como o género *reunião*, de que a *manifestação* constitui espécie, resulta da necessária combinação de dois elementos: a *presença conjunta física de pessoas* e o *propósito de expressar ideias em comum*. Haverá também que ver como, na *manifestação*, essa expressão de ideias se traduz na afirmação de uma *finalidade ou um sentimento comuns*. Depois, haverá que perceber melhor aquilo em que consiste o *lugar público* que, como palco específico, permite distinguir a manifestação do comum das reuniões. Por fim, caberá examinar o alcance do limite ou pressuposto negativo da *realização pacífica e sem armas*.

11. Temos, pois, em primeiro lugar, que a manifestação partilha com a reunião o elemento da *presença conjunta física de pessoas*. Elas constituem objecto de direitos individuais de estar fisicamente em conjunto com outros[40].

---

[40] V. entre outros, BENDA, in: *Bonner Kommentar*, p. 16; FROWEIN/PEUKERT, *EMKR-Kommentar*, p. 410; LEBRETON, *Libertés publiques*, p. 509 e 510; MIRANDA DE SOUSA, *O Direito de Manifestação*, p. 7 e 8; PACE, *Libertà Costituzionali*, p. 299 e 302.

Da essência destes direitos faz parte o serem *direitos fundamentais de exercício em conjunto*. A sua titularidade é individual, mas o seu objecto é a participação num evento caracterizado por ser propósito comum de cada um daqueles que nele intervêm o de estar em conjunto com outros. Quem quer manifestar-se obedece ao desejo de se encontrar com outras pessoas num lugar público, embora possa não conhecer as respectivas identidades. Exerce ao fazê-lo uma liberdade: só nos Estados totalitários é pensável que as pessoas se encontrem geralmente proibidas de se conjugarem na via pública para uma iniciativa comum[41].

Tem-se discutido se uma pessoa que, isoladamente, exprime a sua opinião na via pública para os circunstantes em geral, por exemplo, transportando um letreiro de protesto, exerce o direito de manifestação. Para alguns assim é, por dever bastar o elemento da expressão da opinião na via pública sem destinatários determinados[42]. Creio, no entanto, que, em tal hipótese, o âmbito de protecção relevante será tão só o das liberdades de expressão do pensamento e de deslocação: a manifestação é uma espécie de reunião e isso torna-a incompatível com um exercício solitário do direito.

Não parece, em contrapartida, razoável pretender estabelecer um contingente mínimo de manifestantes embora, por exemplo, a lei espanhola exija mais de vinte pessoas[43]. Em condições muito difíceis, próprias de situação de crise ou de perigo para as liberdades, o exemplo de coragem e determinação de muito poucos pode ser fundamental. Importa, pois, não dar às forças

---

[41] Cfr. BARTOLOMÉ, *Libertades Públicas*, p. 183; BENDA, in: *Bonner Kommentar*, p. 16 e 17; DUFFAR, *Libertés et Droits Fondamentaux*, p. 28; JORGE MIRANDA, *Direitos Fundamentais*, p. 482 e 486; SCHULZE-FIELITZ, in: *Kommentar*, p. 589.

[42] Cfr. GOMES CANOTILHO/VITAL MOREIRA, *Constituição Anotada*, p. 253; HERZOG, in: *Maunz/Dürig*, p. 8 e 9. No sentido de que a intervenção de uma pessoa isolada não constitui manifestação, v., entre outros: GUSY, in *Kommentar*, p. 927; WINKLER, *Studien*, p. 201.

[43] Cfr. BARTOLOMÉ, *Libertades Públicas*, p. 184.

repressivas o pretexto para impedir a actuação inicial de um muito pequeno núcleo sob a alegação de se não tratar de uma manifestação[44].

12. Um segundo elemento do *Tatbestand* do n.º 2 do artigo 45.º da Constituição consiste no *propósito de expressar em comum uma finalidade ou um sentimento*. Aquilo que leva os manifestantes a querer estar fisicamente em conjunto é a vontade de demonstrar que existe uma posição ou um estado de espírito colectivos. A manifestação é um estar em comum finalístico. Os manifestantes reúnem-se a fim de poder lançar uma mensagem que possa ser captada pela opinião pública. O que justifica a tutela constitucional da vontade de se manifestar de modo a inscrevê-la na esfera relativamente intangível da liberdade não é apenas o valor do estar em conjunto, mas o de o fazer para usar uma forma institucionalizada de comunicação susceptível de desempenhar um papel na formação da opinião pública e de, eventualmente, influenciar o exercício do poder[45].

É a circunstância de os manifestantes se congregarem em função de uma *finalidade comunicativa* que distingue a manifestação de um simples *ajuntamento* ou *aglomeração* de pessoas (*attroupement, agglomeramento, Ansammlung*)[46]. Sem uma consciência colectiva formada em torno de um sentimento comum, está-se fora do âmbito de protecção do direito de manifestação.

---

[44] Cfr. BENDA, in: *Bonner Kommentar*, p. 16 e 17; HERZOG, in: *Maunz/ /Dürig*, p. 20 e 21.

[45] Cfr. BENDA, in: *Bonner Kommentar*, p. 18 e 19; FROWEIN/PEUKERT, *EMRK-Kommentar*, p. 410; KLOEPFER, *Versammlungsfreiheit*, p. 748 a 750; JORGE MIRANDA, *Direitos Fundamentais*, p. 484; MIRANDA DE SOUSA, *O Direito de Manifestação*, p. 8 e 10.

[46] Sobre *attroupements, agglomeramenti* e *Ansämmlungen*, v., a título de exemplo: BENDA, in : *Bonner Kommentar*, p. 20; DUFFAR, *Libertés et Droits Fondamentaux*, p. 305; GUSY, *Polizeirecht*, p. 205; HERZOG, in: *Maunz/Dürig*, p. 21 e 22; PACE, *Libertà Costituzionali*, p. 305.

Faz, assim, sentido que o artigo 3.º, n.º1, do Decreto-Lei n.º 406/
/74 exija que o aviso prévio que os organizadores devem apresentar mencione o *objecto da reunião*.

Seria, no entanto, um erro pensar que o *objecto* da manifestação tenha de ser político, no sentido de ser necessária uma finalidade de crítica, petição ou apoio ao modo como o poder político é exercido. A liberdade de manifestação não é um direito de participação política. A influência que a manifestação poderá exercer sobre o modo de exercício do poder será indirecta: os manifestantes não podem pretender substituir-se ou sobrepor-se aos mecanismos da democracia representativa. Através da manifestação, pode pretender-se influenciar o exercício do poder político ou preparar a opinião pública de modo que conduza a prazo a mudanças na composição dos órgãos de poder e das suas políticas. Mas a manifestação não constitui um modo de participação do povo no exercício do poder. Nem, por muito maciça que a manifestação seja, podem os manifestantes pretender identificar-se com o povo na sua globalidade. E porque a manifestação não representa um modo directo de exercício da soberania popular ou um meio indispensável de formação da vontade democrática, não cabe ao Estado promover manifestações, mas apenas criar as condições razoáveis para que os particulares que o queiram fazer exerçam essa sua liberdade. A Constituição garante uma sociedade onde os interessados possam manifestar-se, mas não promove uma *Gesselschaft der Demonstrationen*: uma sociedade em permanente ambiente de manifestação[47].

Percebe-se assim que o *objecto* da manifestação possa não ter ligação directa com temas próprios do exercício da actividade política. Ao colocar sistematicamente o direito de manifestação entre os direitos, liberdades e garantias pessoais, a Constituição não autoriza uma «desqualificação do privado» no tocante aos possíveis temas das manifestações. Nada impede que sejam organi-

---

[47] Cfr. BENDA, in: *Bonner Kommentar*, p. 22, 23 e 38 a 40; HERZOG, in: *Maunz/Dürig*, p. 5 e 8; KLOEPFER, *Versammlungsrecht*, p. 744 a 746.

zadas para expressar pontos de vista filosóficos, artísticos, religiosos e quaisquer outros que se não prendam directamente com os fins, os modos e os programas do exercício do poder político. E não compete ao Estado hierarquizar os fins das manifestações, designadamente em função da maior ou menor relevância política dos seus objectos. Essa seria uma inadmissível ingerência no exercício de liberdades individuais meramente regido pela consciência de cada um. Apenas é necessário que se trate de temas com relevância pública, geral ou comunitária, e não de meros conflitos de interesses privados entre particulares a propósito da pretensão da fruição de determinados bens jurídicos[48].

13. Um terceiro elemento da manifestação enquanto *Tatbestand* do n.º 2 do artigo 45.º da Constituição é a realização num *lugar público*. Esta é a característica que mais imediatamente distingue a manifestação como espécie de reunião: a sua maior perigosidade para os direitos e liberdades dos outros, bem como para interesses públicos carecidos de protecção, justifica um regime mais restritivo do que aquele que parece normal, numa sociedade democrática, para uma reunião em espaço materialmente separado do exterior.

Este é, porém, um dos pontos onde me parece de assinalar uma desconformidade entre a Lei da liberdade de manifestação, que data de Agosto de 1974, e a Constituição de 1976. A lei foi buscar ao Direito italiano uma tripla qualificação dos locais de reunião em *lugares públicos, abertos ao público* e *particulares*. Consideram-se, no Direito italiano, *lugares abertos ao público*, independentemente de constituírem objecto de propriedade pública ou privada, aqueles que se encontrem materialmente sepa-

---

[48] Cfr. BENDA, in: *Bonner Kommentar*, p. 22 e 23; KLOEPFER, *Versammlungsfreiheit*, p. 744 e 745; PACE, *Libertà Costituzionali*, p. 300; PIEROTH/SCHLINK, *Grundrechte*, p. 171; SCHULZE-FIELITZ, *Kommentar*, p. 588; WINKLER, *Studien*, p. 208, 211 e 273.

rados do exterior e cujo acesso seja consentido a um número finito de indivíduos, mas sem acepção de pessoas e sem necessidade de cartões ou bilhetes de entrada[49]. Pode dizer-se que, embora com uma terminologia mais afastada da do nosso diploma, a mesma conceptualização surge no Direito francês, que distingue as manifestações por se organizarem na via pública, contrapondo-as às reuniões, que têm lugar em locais fechados ou em locais vedados (*enclos*), como prados ou jardins[50]. Em suma, a distinção faz-se, nestes dois direitos, entre *reunião*, correspondendo ao estar em conjunto em locais fechados ou abertos ao público e não sujeito a aviso prévio, e *manifestação*, que se desenrola na via pública e é, em princípio, sujeita a aviso prévio. O artigo 17 da Constituição italiana subtrai expressamente à exigência de aviso prévio as reuniões em lugar aberto ao público[51].

---

[49] Cfr. PACE, *Libertà Costituzionali*, p. 319 a 323.

[50] Cfr. RIVERO/MOUTOUH, *Libertés Publiques*, p. 242, 243 e 247.

[51] A lei alemã sobre reuniões e cortejos (*Versammlungsgesetz*), de 24.07.1953, apenas distingue reuniões públicas em espaços fechados (§§5 e seguintes) de reuniões públicas a céu aberto e cortejos (§§14 e seguintes). Se se levasse à letra a antiga expressão «a céu aberto» ficariam submetidas ao regime da manifestação todas as reuniões públicas efectuadas num espaço não coberto. A doutrina e a jurisprudência têm no entanto vindo a entender que aquilo que interessa é a finalidade com a qual a *Grundgesetz* utilizou a clássica expressão «*unter freiem Himmel*» para o efeito de permitir restrições, legislativas ou com base na lei, que não consente quanto às outras reuniões (§8, n.ᵒˢ 1 e 2). Ora o que terá presidido à permissão constitucional de restrições terá sido necessariamente a maior probabilidade de lesão de bens jurídicos individuais ou da comunidade quando as reuniões se efectuam em locais que não se encontram vedados do exterior. Desde que tal vedação exista e o carácter limitado do espaço permita uma visualização do conjunto dos participantes, não há razão para submeter a reunião a um regime pensado em função das condições reinantes na via pública. Levantam-se, no entanto, dúvidas quanto ao regime das reuniões que tenham lugar em grandes estádios, ainda que, nesses casos, a circunstância de o estádio ser coberto ou descoberto pareça irrelevante à luz dos interesses em causa. Cfr. DIETEL/GINTZEL//KNIESEL, *Demonstrations- und Versammlungsfreiheit*, p. 238.

Ora, o legislador português de 1974 adoptou a tricotomia, mas afastou-se dos modelos nacionais que lhe terão inspirado essa conceptualização ao impor às pessoas ou entidades que pretendam realizar reuniões, comícios ou manifestações em *lugares abertos ao público* a obrigação de pré-aviso com a antecedência mínima de dois dias úteis, a par do que sucede com a organização de manifestações em lugares públicos, ou seja, na via pública. A meu ver, existe aí uma inconstitucionalidade superveniente. A verdade é que os lugares abertos ao público geram, quanto à realização de reuniões, uma equação de interesses muito mais próxima da imposta pelo ordenamento jurídico das reuniões em lugares particulares do que aquela que se justifica para a disciplina das reuniões em lugares públicos, ou seja, na via pública. O grau do risco de confrontos com cidadãos discordantes, de danos em bens alheios, de perturbações no trânsito ou de pressões físicas sobre titulares de órgãos de soberania ou da Administração é exponenciado pela presença dos manifestantes na via pública. A sujeição daqueles que se reúnem em lugar aberto ao público ao regime da manifestação parece, pois, uma compressão desnecessária (como mostram os exemplos italiano e francês) e introdutória de uma situação de desigualdade com aqueles que exercem a liberdade de reunião em lugar particular, sem que se divise um fundamento material bastante para justificar a desigualdade de tratamento[52].

À luz destas considerações, parece de concluir que a ressalva «mesmo em lugares abertos ao público», feita no n.º 1 do artigo 45.º da Constituição, significa a vontade de submeter as reuniões levadas a cabo naquele tipo de lugares ao regime geral da reunião, e não ao regime da manifestação, que se admite implicitamente seja mais restritivo. Como se viu já, a redacção do artigo 45.º não é satisfatória, visto que também a manifestação não depende de autorização. Mas a referência aos «lugares abertos

---

[52] Cfr. KLOEPFER, *Versammlungsfreiheit*, p. 752 e 753; PACE, *Libertà Costituzionali*, p. 318.

ao público» no número que tem por objecto as reuniões não identificáveis com a manifestação não pode deixar de significar, para além do entendimento de que conserva interesse a dicotomia «lugares públicos – lugares abertos ao público», o desígnio de circunscrever o regime específico da manifestação às reuniões em lugar público.

Tem, pois, de se considerar afectada por inconstitucionalidade superveniente a exigência de aviso prévio quanto às reuniões em lugares abertos ao público (artigo 2.º, n.º 1, do Decreto-Lei n.º 406/74, de 29 de Agosto). E o mesmo se passa com o poder de interromper tais reuniões em paridade de circunstâncias com a dispersão das reuniões em lugar público (artigo 5.º, n.º 1).

14. Um quarto elemento necessário à configuração da manifestação enquanto objecto de direito fundamental é o da sua *natureza pacífica e sem armas*. O n.º1 do artigo 45.º da Constituição estabelece este «*pressuposto negativo*» relativamente à reunião, mas é óbvio que ele se estende – até por maioria de razão – à manifestação enquanto espécie de reunião. O carácter pacífico é, aliás, uma qualificação formulada para a reunião em geral, ou seja, compreendendo a manifestação, no artigo 20, n.º 1, da DUDH.

O imperativo do carácter pacífico e não armado da manifestação coloca-se, metodologicamente, num momento anterior ao das restrições ao direito fundamental, visto que se trata ainda de uma forma de demarcar pela negativa o seu *âmbito de protecção*. Não estamos perante uma restrição de uma liberdade em função de uma ponderação de valores conflituantes levada a cabo pela própria Constituição. Pensar assim significaria olvidar que o sistema dos direitos fundamentais é formulado na pressuposição de que se destina a funcionar no quadro de uma sociedade democrática (DUDH, artigo 29.º, n.º 2 e CEDH, artigo 11.º, n.º2). Nesta, a reunião violenta não possui qualquer valia, nem sequer *prima facie*, como instrumento de preservação e promoção da dignidade humana⁵³. A reunião violenta ou armada queda-se, pois, à partida, ou *prima facie*, em plano exterior ao do âmbito de protecção do artigo 45.º da Constituição. Os dois requisitos ou pressupostos negativos estabelecem cumulativamente um limite do âmbito de protecção ou *Tatbestand* daquele artigo 45.º no seu conjunto, por força do qual o círculo das reuniões e manifestações constitucionalmente protegidas exclui *ab initio* as que não sejam pacíficas e sem armas⁵⁴.

Encontra-se o mesmo entendimento doutrinário no tocante à função da exigência do carácter pacífico das reuniões como elemento material de delimitação do âmbito de protecção do artigo 11 da CEDH⁵⁵.

Uma manifestação não terá *carácter pacífico* se houver da parte dos seus organizadores o propósito de levar a cabo no respectivo decurso violência contra pessoas ou bens, ou quando essa violência se produza durante o seu desenrolar. O carácter não pacífico não se resume à prática de ofensas contra a integridade física ou contra bens que sejam passíveis de incriminação. Na Alemanha, o *BVerfG* definiu o carácter não pacífico (*Unfriedlichkeit*) como «aquelas condutas evidentes geradoras de perigo ou constituindo emprego da força (*Gewalttätigkeiten*) ou o cometimento de excessos de agressividade contra pessoas ou coisas»⁵⁶.

---

⁵³ Defendendo que se trata de uma restrição em sentido próprio e não de uma delimitação do âmbito de protecção: von ARNAULD, *Die Freiheitsrechte*, p. 57, 114 e 115. VIEIRA DE ANDRADE apresenta o n.º 1 do artigo 45.º da Constituição como exemplo de uma *restrição constitucional ao programa normativo* do preceito, ou seja, do *domínio protegido*. Parece, no entanto, conceber uma demarcação originária do âmbito de protecção. Talvez fosse preferível, para evitar equívocos, o emprego alternativo da expressão *delimitação negativa imediata do âmbito de protecção*. V. *Direitos Fundamentais*, p. 293.

⁵⁴ Cfr. BENDA, in: *Bonner Kommentar*, p. 11; HERZOG, in: *Maunz/Dürig*, p. 25; KLOEPFER, *Versammlungsrecht*, p. 756; STERN/SACHS, *Staatsrecht*, III/2, p. 20 e 21.

⁵⁵ Cfr. FROWEIN/PEUKERT, *EMRK-Kommentar*, p. 411; GRABENWARTER, in: *Bonner Kommentar*, p. 1 a 3.

⁵⁶ Cfr. BENDA, in: *Bonner Kommentar*, p. 33.

Uma questão complexa é a de saber se deve ser qualificada como *não pacífica* uma manifestação que decorre sem quaisquer violências contra pessoas ou bens, mas cujo propósito é o de defender uma solução com recurso à violência para determinado problema social ou de política interna ou externa. Deve entender-se que, em tal eventualidade, a forma de manifestação não prejudica a aplicação do regime da liberdade de expressão com as eventuais restrições próprias deste direito fundamental, já que a manifestação, enquanto tal, não escapa ao seu específico âmbito de protecção[57].

Outra questão que tem sido discutida é a de saber se não possui carácter pacífico a *manifestação de bloqueio* de determinada via de trânsito por manifestantes sentados ou deitados no solo (*sit-ins*, *Sitzblockaden*). Ora, ainda que um tal comportamento possa envolver ilicitude no quadro do Código Penal (artigos 288.º, n.º 1, alínea b) e, 290.º, n.º 1, alínea b) e 304.º) e do Código da Estrada (artigos 3.º, n.ºs 2 e 4), daí não resulta necessariamente que ele não caiba no âmbito de protecção do artigo 45.º, n.º2. Na medida em que couber, aquilo que haverá de fazer é aplicar essas normas restritivas em conformidade com a Constituição, a fim de concluir, à luz da ponderação das circunstâncias de cada caso concreto, se não deve prevalecer o interesse de liberdade, gerando-se uma causa de exclusão da ilicitude (Código Penal, artigo 31.º, n.º 2, alínea b))[58].

---

[57] Cfr. HERZOG, in *Maunz/Dürig*, p. 7, 11 e 12. No mesmo sentido: HOFFMANN-RIEM, in: *Kommentar*, p. 754.

[58] No sentido de que o comportamento não deixa de ser pacífico só porque viola normas do Direito Penal ou outras normas restritivas, designadamente as que protegem a vazão do trânsito: BENDA, in: *Bonner Kommentar*, p. 35 e nota 111. Não considerando (contra o que pensamos) estas normas como restritivas do direito de manifestação, mas admitindo que seja restritiva a intervenção na liberdade que venha eventualmente a ser infligida com base na criminalização (ou ilicitude de mera ordenação social, acrescentamos) criada pelo legislador para ponderar o peso do direito fundamental à luz das circunstâncias do caso: REIS NOVAIS, *As Restrições*, p. 229 e 230.

As obstruções da via pública por manifestantes sentados ou deitados no solo não perdem o carácter de manifestação pública, abrangida portanto no âmbito de protecção da liberdade de manifestação conquanto os manifestantes permaneçam passivos, isto é, não empreguem activamente a força. Essas formas de protesto poderão ser penalizadas e poderá a aplicação das normas restritivas que as tipificam para as punir fundar a proibição ou a ordem de dispersão da manifestação. Trata-se, no entanto, de restrições ao âmbito *prima facie* do direito de manifestação, que deverão ser aquilatadas no quadro da dogmática das restrições aos direitos fundamentais[59].

No tocante à determinação do carácter pacífico e sem armas de uma manifestação, levanta-se um problema complexo, que é o de saber em que medida o comportamento desviante de alguns será bastante para afectar o exercício por outros da liberdade compreendida no âmbito de protecção constitucional. Será no entanto tratado adiante, a propósito das restrições policiais. Por agora, apenas interessa acrescentar que, para o efeito, não importam apenas aqueles objectos que correspondam ao conceito jurídico de armas. Na Europa, as jurisprudências e as doutrinas estendem aquele conceito a quaisquer objectos transportados por manifestantes que se mostrem adequados a perpetrar ofensas contra a vida e a integridade física de outrem, ou crimes de dano contra bens. Mais do que a classe do objecto, o que importa é a sua aptidão para ofender. Caiem assim sob o conceito barras

---

[59] Cfr. BENDA, in: *Bonner Kommentar*, p. 34; HERZOG, in: *Maunz/Dürig*, 18, 19, 24 e 25. Nos mesmos termos, relativamente ao carácter pacífico, para os efeitos do artigo 11 da CEDH, do bloqueio sentado, desde que os manifestantes não usem activamente a força: GRABENWARTER, in: *Bonner Kommentar*, p. 2, 6 e 7. Este Autor sublinha, a páginas 12, o dever de protecção pelos Estados Membros da União Europeia da liberdade fundamental de circulação de mercadorias contra os bloqueios causados por manifestantes. Em sentido contrário, isto é, de que não são pacíficas as manifestações convocadas para bloquear o trânsito: FROWEIN/PEUKERT, *EMRK-Kommentar*, p. 411.

de ferro, pedras e quaisquer outros objectos contundentes, bem como artefactos explosivos[60].

Para o carácter não armado da manifestação releva também a ausência de *armas de protecção* ou *armamento passivo*. Considera-se como tal tudo aquilo que possa servir de equipamento de defesa ou de ocultação da identidade contra a acção das forças da ordem, nomeadamente escudos, capacetes com viseiras ou máscaras. Aqueles que usem equipamento desta ordem não são manifestantes pacíficos, não exercendo portanto um direito fundamental, visto que se mostram dispostos a reagir ao emprego de coacção policial determinada por motivos de ordem pública, ou tendo em vista garantir a segurança de pessoas e bens. Assim será, a menos que existam fortes razões para que os manifestantes possam temer a agressão de contramanifestantes ou a identificação por parte de entidades não públicas, caso em que, sobretudo, a repressão da ocultação de identidade ficará sujeita ao regime das restrições[61].

15. Em suma, o *interesse de liberdade protegido* pelo n.º 2 do artigo 45.º da Constituição consiste na aptidão, para a preservação e promoção da dignidade humana de cada cidadão, da sua não impedida e garantida presença física conjunta com outros em quaisquer lugares públicos com o fim de exprimir, pacificamente e sem armas, propósitos ou sentimentos colectivos. Este interesse

---

[60] Cfr. BARTOLOMÉ, *Derechos Fundamentales*, p. 186; GUSY, in: *Kommentar*, p. 935 e 936; KLOEPFER, *Versammlungsfreiheit*, p. 757; NACCI, *Libertà di Riunione*, p. 171. Sobre o conceito jurídico de *armas* em sentido estrito, v. ANTÓNIO FRANCISCO DE SOUSA, *Direito das Armas*. Mais recentemente, a Lei n.º 5/2006, de 23 de Fevereiro, estabeleceu um minucioso elenco de tipos de armas e a sua classificação.

[61] Cfr. BENDA, in: *Bonner Kommentar*, p. 35; GUSY, in: *Kommentar*, p. 936; KLOEPFER, *Versammlungsfreiheit*, p. 760. Sobre coacção directa, ou coacção administrativa policial, v. JOÃO RAPOSO, *Autoridade e Discricionariedade*, p. 6 e 7.

constitui o *âmbito de protecção prima facie* do direito fundamental de manifestação. Na falta de qualquer um de entre os quatro elementos estruturantes, não nos encontraremos perante uma *manifestação*, objecto do direito constitucionalmente garantido.

VII. *A protecção do interesse de liberdade através da afectação de posições de vantagem*

16. No Direito Constitucional português, os direitos fundamentais caracterizam-se pela dupla dimensão objectiva e subjectiva. A par da sua vertente normativa, devemos, pois, considerá-los como *direitos subjectivos*, ou seja, como *posições de vantagem resultantes da afectação de meios jurídicos aos fins da pessoa individualmente considerada*[62]. Como direitos subjectivos fundamentais, os direitos fundamentais representam um emprego da técnica da jussubjectivação, assente na atribuição directa, e não meramente reflexa, de um espaço de liberdade. Aquilo que os caracteriza no âmbito dos direitos subjectivos em geral são os *meios jurídicos* afectados e os *fins* visados com tal afectação. Essa afectação de meios jurídicos traduz-se na atribuição de vantagens através de determinações normativas dirigidas ao sujeito

---

[62] Partimos do conceito de direito subjectivo de OLIVEIRA ASCENSÃO (*Teoria Geral do Direito Civil*, III, p. 74 a 104), assumido no desenvolvimento dos pensamentos de GOMES DA SILVA e DIAS MARQUES. Apenas acrescentamos, por nossa iniciativa, no fim da definição, a expressão «individualmente considerada», proveniente do conceito de GOMES DA SILVA. É uma fórmula que nos parece merecer ser retida por sublinhar o nível significativo-ideológico da autonomia de cada pessoa concreta como sendo o valor a preservar. Sobre a importância do nível significativo-ideológico da jussubjectivação, v. MENEZES CORDEIRO, *Tratado, I, Tomo 1*, p. 124. Embora a definição de direito subjectivo sustentada por este Autor (permissão normativa específica de aproveitamento de um bem) também o retrate, preferimos a primeira precisamente à luz de uma opção significativa-ideológica, ou seja, por ser mais claramente subjectivista quando visto o direito a partir do sujeito e não da norma.

e a terceiros. Consistem elas em poderes ou faculdades e nos correspondentes deveres e adstrições. A origem constitucional não basta para caracterizar os direitos fundamentais, visto que a Constituição subjectiva outros tipos de situações. Releva, portanto, a *fundamentalidade material*, traduzida em os fins da pessoa individualmente considerada visados pela afectação de meios serem, em última linha, os da preservação e valorização da dignidade da pessoa humana.

Podemos assim definir *direitos fundamentais*, na sua vertente subjectiva, como *posições de vantagem resultantes da afectação constitucional de meios jurídicos ao fim de preservação e valorização da dignidade da pessoa humana individualmente considerada.*

17. Sendo o bem jurídico protegido um *interesse de liberdade*, um primeiro tipo de posição de vantagem é o *poder de exigir um comportamento negativo* das autoridades e dos outros cidadãos quanto ao exercício individual da actividade de se manifestar, tal como resultante do âmbito de protecção do direito.

O carácter colectivo da manifestação não significa que seja ela um sujeito de direito, porque é tão só um exercício em conjunto de direitos fundamentais dos que a organizam e dos que nela participam. Na sua essência, é, pois, individual. O seu âmbito de protecção e as restrições que o encurtam não incidem sobre a manifestação como um todo, mas sobre as pessoas singulares que nela tomam parte e, quando muito, as pessoas colectivas que exercem a iniciativa de a organizar. O direito de manifestação mantém, na actualidade, plenamente a sua natureza de *direito de defesa*, integrante do *status negativus* dos cidadãos: um direito de cada um destes a um comportamento omissivo do Estado, consistindo no não impedimento da atitude individual de organizar uma manifestação e, ou, de nela tomar parte[63].

---

[63] Cfr. HERZOG, in: *Maunz/Dürig*, p. 15 e 16; KLOEPFER, *Versammlungsfreiheit*, p. 742 e 743.

Mas, mesmo sob o aspecto singelo desta *pretensão negatória* (*negatorische Anspruch*) ou *pretensão de não actuação impeditiva* por um terceiro (*Unterlassensanspruch*), o direito de manifestação revela-se um direito fundamental *como um todo* (*als Ganze*), isto é, como um feixe de meios jurídicos afectados à realização dos fins daquele que quer manifestar-se[64]. Com efeito, a liberdade de manifestação desdobra-se desde logo na liberdade de promover a manifestação e na liberdade de participar[65].

A *liberdade de promover* envolve uma grande diversificação de *pretensões de liberdade*, ou seja, *de escolha de comportamentos* respaldados pela pretensão de não impedimento. Uma vez que, em princípio, a manifestação tem de constituir objecto de aviso prévio, alguém tem de se afirmar como autor da iniciativa. A nossa lei da manifestação exige que o aviso seja assinado por três promotores, ou, no caso de a iniciativa caber a associações, pelas respectivas direcções (artigo 2.º, n.º 2). Esse aviso deverá conter a indicação da data, da hora, do local, do objecto e, quando se tratar de um desfile, do trajecto a seguir (artigo 3.º, n.º 1). Logo neste ponto, sobressai um importantíssimo *objecto de livre escolha*. Todos têm o direito de promover uma manifestação pacífica e sem armas, escolhendo estes elementos que lhe conferem um carácter próprio[66]. Mas a liberdade assegurada aos promotores não fica por aqui, uma vez que têm que poder adoptar os procedimentos necessários à preparação e organização do evento. Podem, por exemplo, fazer publicidade e dirigir convites à participação, organizar transportes e o acolhimento dos manifestantes, formar um serviço de

---

[64] Cfr. ALEXY, *Theorie der Grundrechte*, p. 224.

[65] Cfr. KLOEPFER, *Versammlungsfreiheit*, p. 752. Este e alguns outros autores alemães, baseando-se no regime da *Versammlungsgesetz*, distinguem mesmo entre liberdade de promover, liberdade de dirigir e liberdade de participar.

[66] Cfr. DUFFAR, *Libertés et Droits Fondamentaux*, p. 30 e 31; HERZOG, in: *Maunz/Dürig*, p. 30.

ordem, escolher os oradores quando os houver, preparar palavras de ordem[67].

Quanto à *liberdade de participar*, enquanto elemento do *status negativus*, ela desdobra-se também em várias pretensões, a mais significativa das quais é a de se não ser perturbado pelas autoridades enquanto se age pacificamente e sem armas como manifestante. Durante a manifestação, os participantes podem empreender todos os comportamentos pacíficos atinentes à ideia, opinião ou programa que se trata de sublinhar. Podem fazê-lo com a simples presença, com o entoar de cânticos ou palavras de ordem, com a exibição de dísticos e até com gestos simbólicos, como o de queimar bandeiras[68]. Estes comportamentos não deixarão, porém, de ser sancionáveis sempre que o sejam fora do quadro de uma manifestação. O exercício do direito fundamental não cria imunidade relativamente a condutas que, em si mesmas, sejam objecto de desvalor jurídico por força de preceitos avulsos que não estabeleçam eles próprios uma restrição inconstitucional à liberdade de manifestação. Assim, por exemplo, concretas ameaças de morte dirigidas a agentes de autoridade individualizados, ou grafitos insultuosos contra magistrados nas paredes de um tribunal, são actos puníveis nos termos gerais. Mas os manifestantes não podem ser globalmente responsabilizados por eles: é necessária a prova de autoria individualizada ou, quanto aos promotores, a de que se solidarizaram com esses actos[69].

No Acórdão *Ezelin*, de 26 de Abril de 1991, o TEDH decidiu no sentido de que, embora não tivesse expresso a sua reprovação por aquele tipo de ameaças e de injúrias, nem abandonado

---

[67] Cfr. DIETEL/GINTZEL/KNIESEL, *Demonstrations- und Versammlungsfreiheit*, p. 46 e 102 a 105. Também sobre o direito de organizar manifestações: BARBERA, in: *Studi C. Esposito*, p. 2746.

[68] Sobre o papel das condutas de expressão simbólica de uma atitude ou opinião política enquanto expressão do pensamento, v. REIS NOVAIS, *As Restrições*, p. 944 e 947.

[69] Cfr. No sentido de que não há qualquer «privilégio de manifestação»: HERZOG, in: *Maunz/Dürig*, p. 38.

a manifestação para delas se dissociar, não podia ser punido disciplinarmente um advogado manifestante em relação ao qual se não provavam tais condutas. Tratar-se-ia de uma interferência no exercício da sua liberdade de manifestação pacífica «desnecessária numa sociedade democrática». Segundo o Tribunal, não faria sentido usar o receio de sanções disciplinares para desencorajar advogados de expressar livremente as suas opiniões através de manifestações em que o seu comportamento individual não mereça censura.

O feixe de posições jusfundamentais dos manifestantes inclui também a pretensão da não perturbação das deslocações para o local e no regresso a casa. O impedimento da passagem, a multiplicação de controlos excessivos representam, na primeira hipótese, uma restrição destinada a impedir o exercício do direito e, na segunda, uma penalização desse exercício. Ingerência indevida destinada a restringir a liberdade de manifestação seria também – como o TEDH considerou no caso *Ezelin* – a aplicação de sanções, por desacatos cometidos durante a manifestação, a manifestantes relativamente aos quais se não prova conduta não pacífica numa manifestação que não tenha sido proibida, nem haja sido objecto de uma ordem de interrupção.

Entre as faculdades que constituem meios jurídicos afectados à realização dos fins das pessoas dos manifestantes, não consta, porém, a de se transportarem em veículo automóvel ao longo do trajecto da manifestação. Os *cortejos motorizados* não caiem sob o âmbito de protecção do artigo 45.º, n.º 2, da Constituição: como espécie de reunião, a manifestação requer a presença conjunta de pessoas «no âmbito das suas imediatas explicitações externas», ou seja, de seres humanos em contacto físico imediato e igualitário[70].

---

[70] Cfr. PACE, *Libertà Costituzionali*, p. 307. Falando de colunas automóveis, ou de tractores, ou de cavaleiros, ou, até, de embarcações como formas de manifestação no Direito austríaco: WINKLER, *Studien*, p. 213.

Dada a frequência, nos nossos dias, destes tipos de ajuntamentos de pessoas transportadas em veículos, designadamente tractores, que expressam um protesto ou um júbilo comuns, parece razoável que o legislador encare o fenómeno e o discipline sem pretender impedi-lo, provavelmente em vão. Mas a autonomia de conformação do legislador será maior se se entender – como faço – que se não trata aí de restringir um comportamento abrangido pelo âmbito de protecção do direito de manifestação.

18. Do conteúdo objectivo das normas que enunciam direitos fundamentais de defesa, faz parte o *dever de protecção*. Sobre o Estado de Direito democrático incide um *dever geral de protecção* (*allgemeine Schutzpflicht*) dos direitos fundamentais, incluindo o dever de protecção dos direitos de liberdade em face de terceiros que os ofendam ou se aprestem para o fazer. Esse dever geral desdobra-se numa multiplicidade de deveres, na maioria dos casos implícitos. Também os encontramos como conteúdo do preceito do n.º 2 do artigo 45.º da Constituição, que enuncia o direito de manifestação. A par de constituir o Estado num dever de não intervir, de não privar, de não limitar desnecessariamente, aquele preceito também investe o Estado no papel de *protector do direito de manifestação*. Este imperativo constitucional materializa ele próprio uma norma com a natureza de princípio, fazendo-se a sua aplicação em termos de imperativo de optimização. O bem protegido pelo direito de manifestação é um bem carecido de protecção, relativamente ao qual se podem evidenciar ofensas físicas por terceiros na posição de *contramanifestantes*. Este *dever de garantia da liberdade de manifestação* incide, com diferentes grau de concretude, tanto sobre o legislador, como sobre a administração e o julgador.

O dever de protecção pela via legislativa vai, no entanto, mais além da simples prevenção do efeito disruptivo das contramanifestações, envolvendo igualmente o estabelecimento dos instrumentos organizatórios e procedimentais de um efectivo exercício da liberdade. Essa legislação, seja ela uma lei geral sobre reunião e manifestação, seja a legislação sobre segurança e polícia, deverá não só possibilitar, mas facilitar, a promoção e o desenrolar de manifestações pacíficas e sem armas, correspondendo, designadamente, a uma pretensão à protecção estadual da liberdade e da integridade física dos manifestantes. O Estado não deve promover manifestações: estas provêm de iniciativas da sociedade civil. Mas cumpre-lhe manter uma posição de abertura e criação das condições que dele dependam para o exercício deste como de quaisquer outros direitos, liberdades e garantias[71].

O artigo 7.º da *Lei da Liberdade de Reunião e Manifestação* preceitua que as autoridades deverão tomar as necessárias providências para que as reuniões, comícios, manifestações ou desfiles em lugares públicos decorram sem a interferência de *contramanifestações* que possam perturbar o livre exercício dos direitos dos participantes. Quanto ao modo de o fazer, o preceito apenas acrescenta, no entanto, que, para isso, as autoridades poderão ordenar a comparência de representantes ou agentes seus nos locais respectivos. Trata-se, portanto, sobretudo, da possibilidade de proteger policialmente os manifestantes contra as restrições do seu direito provindas de contramanifestantes. Creio, porém, que se poderá ler no artigo 7.º também uma directriz de discricionariedade no exercício da competência respeitante à alteração de trajectos programados (artigo 6.º, n.º 1)[72]. Por outro lado, o n.º 2 do artigo 15.º incrimina a interferência por contramanifestantes nas reuniões, comícios, manifestações ou desfiles por modo a impedir ou a tentar impedir o livre exercício do direito de reunião.

A existência de um dever de protecção dos manifestantes e da correspondente posição jurídica activa destes em face do Estado

---

[71] Cfr. BENDA, in: *Bonner Kommentar*, p. 39 a 41.

[72] Quanto ao papel irradiante da norma constitucional sobre o direito de manifestação, tendo por efeito gerar, com base no dever de protecção, competências discricionárias para protecção policial dos manifestantes pacíficos, cfr. HOFFMANN-RIEM, in: *Kommentar*, p. 761.

foi amplamente reconhecida pelo TEDH, no Acórdão de 21.06.1988 proferido no caso *Ärzte für das Leben*. Uma associação acusava as autoridades austríacas de não haverem assegurado o desenvolvimento normal de duas manifestações contra a interrupção voluntária da gravidez através das providências concretas capazes de garantir a liberdade dos manifestantes perante as indevidas interferências de terceiros. Afirmando que não pretendia «elaborar uma teoria geral das obrigações positivas», o Tribunal afirmou que, quando uma manifestação é de molde a poder desencadear reacções hostis, os participantes devem poder levá-la a cabo ainda assim sem receio de serem brutalizados. E, numa democracia, o direito de contramanifestar não pode ir até ao ponto de paralizar o direito de manifestação dos outros. Em situações como estas, o Estado não pode remeter-se para uma simples posição de não-ingerência, cabendo-lhe adoptar as medidas razoáveis e apropriadas a fim de assegurar o desenrolar pacífico das manifestações lícitas.

Mas esta – advertiu o Tribunal – é uma obrigação de meios e não de resultados, uma vez que, em domínios como estes, não há garantias absolutas. Os Estados serão julgados, isso sim, segundo o padrão da razoabilidade e propriedade ou adequação das medidas que tomarem. Na verdade – acrescento eu – o dever de protecção, e, sobretudo, o dever de protecção administrativa, tem de ser aferido à luz de *parâmetros de possibilidade*. A Administração não pode libertar os particulares da presença do risco nas suas existências (*für ein «Null-Risiko» besteht keine Verfassungspflicht*)[73]. Mas, quando seja possível, a protecção, designadamente a policial, que caiba nas atribuições e competências, é um *dever da Administração*. Tal dever representa um dos modos como os direitos fundamentais limitam directamente a discricionariedade administrativa. Esta poderá mesmo ver-se reduzida a

---

[73] Cfr. BECK, Ulrich, *World Risk Society*; DI FABIO, *Risikoentscheidungen*, p. 44s.

zero, quando uma certa medida de protecção seja necessária e, simultaneamente, a única possível[74].

Perante a promoção de manifestações de sentidos opostos para os mesmos dia e hora, a natureza multipolar das relações jurídicas administrativas em causa e a necessidade de agir em satisfação de direitos fundamentais colidentes (*grundrechtlichen Gewährleistungen*) exigem um balanceamento de procedimentos e medidas que consolida a discricionariedade administrativa em vez de a corroer[75].

19. Importa fazer ainda uma breve referência à protecção do interesse de liberdade dos promotores e participantes de contramanifestações e de manifestações simultâneas. As segundas distinguem-se das primeiras por não haver oposição de objectos, mas tão só cumulação de pretensões quanto ao uso dos locais no mesmo dia e hora. Desde que pacíficas, todas estas manifestações se quedam também sob o âmbito de protecção do direito fundamental[76]. A colisão de direitos fundamentais força, porém, as autoridades competentes a ponderações apontando para a sua concordância prática. Este é um campo em que o dever de protecção legislativa deveria conduzir ao estabelecimento de regras objectivas de conformação destinadas a reduzir tanto quanto possível o âmbito da discricionariedade administrativa[77].

---

[74] Cfr. LAUB, *Die Ermessensreduzierung*, p. 54 s.
[75] Cfr. PACHE, *Tatbestandliche Abwägung*, p. 471.
[76] Cfr. HOFFMANN-RIEM, in: *Kommentar*, p. 761.
[77] Cfr. HERZOG, in: *Maunz/Dürig*, p. 19.

Pelo seu *Parecer n.º 96/83, de 28 de Abril*, o Conselho Consultivo da Procuradoria-Geral da República pronunciou-se sobre um despacho do Governador Civil do Porto, de 24.03.1982, que estabelecera critérios sobre a solução de conflitos de pretensões quanto à utilização do mesmo espaço público para a realização de manifestações no mesmo dia. Uma vez que se tratava de manifestações que têm lugar anualmente, em 1 de Maio, o despacho adoptou um princípio de alternatividade do local pretendido simultaneamente por diferentes organizações sindicais, proporcionando outros locais

20. Cumpre, por fim, lembrar que a afectação aos titulares do direito de manifestação de um meio jurídico constituído por uma pretensão de não ingerência na esfera de liberdade, tanto respeita à compressão do propósito de promover manifestações e, ou, de nelas participar, como a quaisquer injunções no sentido de que os seus destinatários promovam e, ou, participem em certa manifestação. Se, na maioria das vezes, se pretenderá a defesa da liberdade de agir positivamente de certo modo, a verdade é que também envolve uma ingerência sobre o interesse de liberdade em causa incompatível com a dignidade humana forçar alguém a tomar parte numa manifestação em que se não encontrará por vontade própria. Sob este ângulo, o *status negativus* torna-se ambivalente: ele significa não apenas a efectividade da rejeição de uma ingerência na esfera individual, mas a capacidade autodeterminada do sujeito de se negar a uma conduta pretendida por outrém[78].

às organizações a quem não couber no ano em causa o local pretendido. Exigindo-se a apresentação de pré-aviso com a antecedência legal, deixaram no entanto de preferir automaticamente os mais antigos, a fim de evitar «reservas» com exagerada antecedência. Em igualdade de condições, proceder-se-ia a sorteio. Para evitar contramanifestações, seria proibida a utilização simultânea. Como bem se observa no Parecer, tratou-se de «um despacho genérico pretendendo estabelecer critérios para o exercício do direito de reunião e manifestação, tendo em vista uma distribuição equitativa de oportunidades e evitar riscos de colisão de direitos susceptíveis de fazerem perigar a ordem e tranquilidade públicos». V. *Boletim do Ministério da Justiça*, n.º 331, Dezembro de 1983, p. 244 s.

[78] Cfr. Sobre a vertente negativa das liberdades, veja-se, a título de exemplo: ALEXY, *Theorie der Grundrechte*, p. 199 s. A propósito da inadmissibilidade de um dever de exercício de direitos fundamentais: STERN/SACHS, *Staatsrecht III/2*, p. 1065 e 1066. Sobre o papel preverso da organização de manifestações pelo Estado e da conexa imposição de participação enquanto fenómenos próprios do Estado totalitário ou autocrático, v. DIETEL/GINTZEL//KNIESEL, *Demonstrations- und Versammlungsfreiheit*, p. 22, 56 e 310.

VIII. Os comportamentos grupais excluídos do âmbito de protecção ao nível da Constituição

21. A determinação dos elementos que formam o objecto material da protecção e que, positiva e negativamente, delimitam o *âmbito de protecção* do direito de manifestação, bem como a especificação dos meios jurídicos cuja afectação materializa a *posição de vantagem* dos cidadãos assente em tal protecção, ajuda-nos agora a compreender que existam outros modos de as pessoas se encontrarem fisicamente juntas sem que por tal motivo beneficiem da protecção garantida pela Lei Fundamental aos manifestantes.

É, desde logo, aquilo que sucede com aqueles que exercem o *direito de reunião* em sentido estrito, muito embora se descubra aí uma sobreposição parcial de âmbitos de protecção, em virtude de a manifestação ser uma espécie de reunião com um regime só parcialmente autónomo.

Mas importa agora, sobretudo, referir *comportamentos grupais que não são objecto de qualquer destes direitos*.

Temos, em primeiro lugar, as *movimentações colectivas de pessoas armadas* ou por outra forma *não pacíficas*, exercendo violência sobre outras pessoas ou sobre bens. Essas situações correspondem à incriminação por participação em motim, ou em motim armado, nos artigos 302.º e 303.º do Código Penal. Tecnicamente, estes preceitos não constituem restrições ao direito de manifestação, visto que as condutas a que respeitam escapam ao respectivo âmbito de protecção.

Um outro elemento – esse positivo – do *Tatbestand* de manifestação, cuja ausência provoca a desqualificação dos conjuntos de pessoas em mero *ajuntamento*, é o propósito de expressar em comum uma finalidade ou um sentimento. Trata-se de aglomerações «sem efeito de manifestação» por lhes faltar um papel activo do colectivo como agente comunicativo. São, por exemplo, os casos das pessoas que se juntam numa praia, ou num parque de diversões, ou para ouvir um concerto. As pessoas reunidas numa festa popular, num mercado ou num evento desportivo não pretendem transmitir à colectividade um ponto de vista conjunto, ou seja, contribuir para a formação da opinião pública.

Dada a infinda variabilidade das situações em sociedade, haverá no entanto casos em que a fronteira não será fácil de definir à luz do *critério do propósito comunicativo*. Sendo a dúvida legítima, o princípio *pro libertate* manda que essas situações sejam ordenadas ao âmbito de protecção do artigo 45.º, n.º 2, da Constituição[79].

IX. *O conceito constitucional de manifestação*

22. Resumindo esta parte da exposição consagrada ao *âmbito de protecção* do direito fundamental de manifestação, poderemos concluir que, enquanto objecto e âmbito de protecção de uma liberdade positiva e negativa para os efeitos do n.º 2 do artigo 45.º da Constituição, *manifestação é a presença conjunta física voluntária de pessoas num lugar público, agindo pacificamente e sem armas, com o propósito de expressar em comum uma finalidade ou um sentimento.*

---

[79] Cfr. HOFFMANN-RIEM, in: *Kommentar*, p. 752; PACE, *Libertà Costituzionali*, p. 306 e 307.

§ 4
AS RESTRIÇÕES LEGISLATIVAS
AO DIREITO DE MANIFESTAÇÃO

X. Natureza e autoria das restrições aos direitos fundamentais

23. Partir-se-á de um conceito amplo de *restrição* ao direito, liberdade ou garantia como sendo toda a *compressão do âmbito de protecção do direito, traduzida na desconsideração de elementos do objecto de protecção, ou na recusa da titularidade ou exercício de meios jurídicos destinados à respectiva fruição, operada por acto do poder público de natureza geral e abstracta ou individual e concreta*[80]. Haverá, pois, restrição do direito de manifestação sempre que uma pessoa se vir impossibilitada de desenvolver um comportamento abrangido pelo respectivo âmbito de protecção em consequência de uma norma legislativa, ou de um acto de um órgão da Administração ou de um tribunal.

Dois importantes tópicos de reflexão no domínio do regime geral dos direitos, liberdades e garantias têm particular relevo quanto à restrição do direito de manifestação pela via legislativa.

---

[80] Sobre a natureza da restrição aos direitos, liberdades e garantias, ver, em particular: GOMES CANOTILHO, *Direito Constitucional*, p. 450 e 451; JORGE MIRANDA, *Direitos Fundamentais*, p. 328 s.; REIS NOVAIS, *As Restrições*, p. 247 s. Questão complexa, que aqui se não abordará, é a de saber em que medida pode falar-se também de restrições no âmbito dos deveres de protecção: LÜBBE-WOLFF, *Die Grundrechte*, em especial, p. 69 a 73.

Refiro-me à questão da admissibilidade da emissão de normas restritivas fora do âmbito material da «reserva de lei restritiva» e ao problema do grau de exigência na determinabilidade das normas restritivas. Não sendo este um momento para o seu tratamento *ex professo*, apenas interessa deixar claros os postulados de que parto.

Em primeiro lugar, a Constituição apenas enuncia uma expressa reserva de lei restritiva do direito de manifestação no artigo 270.º, com a natureza de *restrição particular*, visto que só afecta o direito em relação às categorias de pessoas ali referidas: militares, agentes militarizados dos quadros permanentes em serviço efectivo e agentes dos serviços e das forças de segurança[81]. Mas, como escreve GOMES CANOTILHO, não se compreenderia que o direito de manifestação, embora consagrado no texto constitucional sem autorização de lei restritiva, não pudesse ser restringido por lei, já que este direito se encontra sujeito não apenas aos limites da «não violência», mas também aos limites resultantes da necessidade de protecção do conteúdo juridicamente garantido dos direitos dos outros, como, por exemplo, a liberdade de deslocação[82]. Concordo também com REIS NOVAIS, quando sustenta a necessidade de aceitar uma *reserva geral imanente de ponderação*, que afecta a generalidade dos direitos fundamentais, apenas devendo o legislador curar, quando da introdução de restrições não constitucionalmente autorizadas de forma expressa, de corresponder a um ónus acrescido de fundamentação e argumentação e ficar submetido a um controlo total, pelo juiz de constitucionalidade, da ponderação levada a cabo[83].

Apenas discordo deste Autor e – pelas mesmas razões – de MELO ALEXANDRINO, quando negam aos parâmetros finalísticos

---

[81] Quanto ao conceito de *restrições particulares*, v. JORGE MIRANDA, *Direitos Fundamentais*, p. 332.

[82] Cfr. *Direito Constitucional*, p. 450 e 451.

[83] Cfr. *As Restrições*, p. 600 e 601. Exceptuo no entanto desse controlo a substituição da Administração pelo juiz na efectuação da prognose de perigo.

elencados no n.º 2 do artigo 29.º da DUDH o papel de *standards* susceptíveis de conflituar com direitos, liberdades e garantias e, por isso, passíveis de ponderação com eles e eventualmente determinativos da sua restrição. Não se diga – com efeito – que se trata apenas de *limites aos limites*, do mesmo modo que a proibição de retroactividade, a reserva de lei, o carácter geral e abstracto, a garantia do conteúdo essencial ou o princípio da necessidade da restrição[84]. Estes são requisitos de carácter metodológico, ao passo que os parâmetros finalísticos, ou *standards*, só fazem sentido como juízo sobre a fundamentalidade de certos valores enquanto legítimo contrapeso carecido de concordância prática com os direitos fundamentais. Ora, a Constituição aceita a sua integração pela DUDH, o que não pode deixar de apontar para a recepção de uma *cláusula geral de limites* capaz de preencher uma óbvia lacuna do nosso texto fundamental. E é bem preferível este modo de preenchimento à simples aceitação de uma reserva geral imanente de ponderação vazia, ou seja, desacompanhada de um claro elenco de valores de nível constitucional susceptíveis de fundamentar restrições não expressamente autorizadas[85]. O elenco do n.º 2 do artigo 29 da DUDH aponta para condições básicas da vida em sociedade – moral, ordem pública e bem estar numa sociedade democrática – capazes de sintetizar os interesse públicos fundamentais de recorte objectivo reconhecidos na Constituição e de disciplinar como grelha de referência a invocação de elementos ponderáveis. Por outro lado, a exigência do reconhecimento e respeito dos direitos e liberdades dos outros corresponde a um requisito básico da ordenação sistémica dos direitos fundamentais.

---

[84] Cfr. REIS NOVAIS, *As Restrições*, p. 520 s.; MELO ALEXANDRINO, *Estatuto Constitucional da Actividade de Televisão*, p. 230.

[85] V. REIS NOVAIS, *As Restrições*, p. 550 e 572. Sobre o duplo papel de uma cláusula deste género como habilitante de restrições legislativas mas, ao mesmo tempo, fonte de um elenco taxativo das finalidades legítimas, v. WINKLER, *Studien*, p. 190.

Em suma, parte-se do postulado de que, em virtude da força integrativa da DUDH, o elenco de *standards* do respectivo artigo 29, n.º 2, pode, através de ponderação sob os ditames da proporcionalidade, justificar a restrição legislativa do direito de manifestação.

Também se crê que se justifica a máxima *determinabilidade* possível das *normas legislativas restritivas*, cuja desnecessária abertura constituirá causa de inconstitucionalidade por violação da reserva de lei. Designadamente, quando se trate da outorga de poderes discricionários de polícia administrativa das manifestações, aplica-se de pleno o princípio a que aludia na minha dissertação de doutoramento:

> «... em matéria de reserva de acto legislativo, à concessão de discricionariedade deve presidir o critério da densificação da norma na medida do possível e da sua abertura para o mínimo incomprimível de margem de livre decisão».

De nada serviria, com efeito, pretender amarrar o legislador à exigência de total fechamento da norma que confere poderes à Administração para a prática de actos administrativos sobre aspectos da vida social cobertos pela reserva de lei quando não é possível tipificar à partida completamente as situações abrangidas e as providências que requererão. A natureza das coisas põe limites à capacidade de direcção legislativa do conteúdo das decisões administrativas. Mas, em contrapartida, essa capacidade deve ser exercida em toda a medida do possível[86].

---

[86] Cfr. SÉRVULO CORREIA, *Legalidade e Autonomia Contratual*, p. 339 e 340.

No mesmo sentido, e pronunciando-se precisamente sobre o regime jurídico da manifestação, escreve REIS NOVAIS que

«A lei sobre liberdade de reunião e manifestação deverá dar indicações, tanto quanto possível precisas, sobre o sentido, alcance e pressupostos deste tipo de intervenções restritivas [proibição, interrupção, alteração de trajectos e datas] mas, para permitir decisões adequadas no caso concreto, estará sempre obrigada a deixar o essencial da avaliação e ponderação dos interesses conflituantes ao intérprete/aplicador». Cfr. *As Restrições*, p. 847 e 848.

Passar-se-ão em revista, seguidamente, as três categorias de restrições legislativas ao direito de manifestação detectáveis no Direito português: restrições de tempo, restrições quanto ao modo e ao lugar (através da tipificação legislativa de medidas de polícia das manifestações) e restrições de natureza estatutária (ou restrições particulares).

XI. As restrições legislativas de tempo

24. As restrições no tocante ao tempo das manifestações são introduzidas directamente pela lei, não concedendo os preceitos em causa permissão legislativa de intervenções restritivas da Administração.

Interessa a estatuição conjugada dos artigos 4.º e 11.º da *Lei de Liberdade de Reunião e de Manifestação* (Decreto-lei n.º 406/ /74, de 29 de Agosto). Estes preceitos fixam as horas dentro das quais podem ter lugar as manifestações. Nenhumas poderão prolongar-se para além das 0,30 horas (artigo 11.º). Para as manifestações móveis («cortejos e desfiles»), o artigo 4.º estabelece uma limitação quanto à hora de início: quando se não trate de domingos e feriados, só poderão realizar-se depois das 12 horas nos sábados e, nos restantes dias úteis, depois das 19 horas e 30 minutos.

Como se disse já, esta restrição não corresponde a uma reserva constitucional expressa. Manifestamente, obedece ao fim de tutela do direito de protecção da saúde (condições de repouso dos cidadãos a partir das 0,30) (CRP, artigo 64.º) e ao propósito de afectar o menos possível as condições de escoamento do trânsito através da menor justaposição das horas de manifestação e do tempo de funcionamento das instituições e das empresas nos dias úteis. Este segundo propósito pode ser reconduzido à tutela do direito de deslocação (CRP, artigo 44.º, n.º 1). Poderão, no entanto, ocorrer circunstâncias, especialmente as que justificam as manifestações espontâneas mas não só, em que o efeito da manifestação fica grandemente prejudicado pelas restrições horárias respeitantes à impossibilidade de realização antes das 19,30 horas nos dias úteis ou antes das 12 horas nos sábados. Não é de excluir que se possa chegar à conclusão de que houve défice de ponderação do legislador e que a restrição se mostra desnecessária às exigências da ordem pública e do bem estar (centradas no respeito da liberdade de circulação) numa sociedade democrática, pelo menos no que toca às manifestações espontâneas ou instantâneas.

Impõe-se, por outro lado, uma leitura conforme à Constituição do artigo 11.º do Decreto-Lei n.º 406/74, quando impõe como hora limite das manifestações as 0,30 horas. Este preceito não pode impedir as manifestações continuadas por mais do que um dia, quando o seu objecto explique essa continuidade. Apenas se poderá exigir dos manifestantes, à luz das circunstâncias do caso, um comportamento conforme, durante as horas nocturnas, com o direito ao repouso dos outros cidadãos. E não poderá aquela regra impedir também as *vigílias*, caracterizadas pela realização em silêncio e durante a noite. A essência silenciosa deste tipo de manifestação afasta a razão de ser da restrição.

XII. *A definição legislativa das medidas de polícia das manifestações*

25. O exame da *Lei da Liberdade de Reunião e de Manifestação* permite identificar quatro *actos administrativos típicos* que poderão ser praticados pelas autoridades competentes em relação ao exercício do direito de manifestação. São eles a *interdição* de manifestação (artigo 1.º, n.ᵒˢ 1 e 2 e artigo 3.º, n.º 2), a *interrupção* de manifestação (artigo 5.º), a *ordem de alteração de trajecto* (artigo 6.º) e a *ordem de distanciamento* relativamente a instalações especialmente protegidas (artigo 13.º). Estes actos merecem a qualificação conjunta de *medidas de polícia das manifestações*.

Em primeiro lugar, a actividade que neles se desenvolve é uma *actividade policial*, ou seja, uma actividade da Administração Pública, traduzida na prática de actos administrativos e na realização de operações materiais com o fim de controlo de condutas perigosas dos particulares, de modo a evitar que estas venham a lesar ou continuem a lesar bens sociais cuja defesa preventiva seja consentida pela Ordem Jurídica[87]. Os actos tipificados na *Lei da Liberdade de Reunião e de Manifestação* integram-se na *actividade policial*, visto que prosseguem a prevenção ou o afastamento de perigos gerados por comportamentos individuais relativamente a bens (a integridade física das pessoas, o património público e de particulares, a liberdade de manifestação e em geral a paz pública e a ordem democrática) que constituem *fins de segurança interna*[88]. Ora, ainda que, para efeito do disposto pelo n.°2 do artigo 272.° da Constituição, se queiram considerar apenas como *medidas de polícia* as *medidas de segurança administrativa*[89] e não, em termos mais amplos, todos os actos – genéricos ou concretos – que pertençam exclusivamente ao desempenho de funções policiais e possuam um conteúdo ou objecto padronizado[90], os actos em causa são-no, dado visarem claramente *fins de segurança interna*. Todos esses actos administrativos dão forma a restrições do direito de manifestação, cujo exercício em determinada situação concreta impossibilitam, quer à partida quer supervenientemente, ou alteram no tocante aos trajectos ou locais pretendidos.

---

[87] Cfr. SÉRVULO CORREIA, *Polícia*, p. 393.

[88] Veja-se a definição de *segurança interna* e a enunciação dos fins das medidas que a prosseguem no artigo 1.° da *Lei de Segurança Interna* (Lei n.20/87, de 12 de Junho). O elemento específico que ainda justifica a autonomização da *polícia administrativa* como modalidade da actividade administrativa é o propósito de prevenção ou afastamento de *perigos* gerados por comportamentos individuais para o regular exercício dos direitos e liberdades fundamentais e para com interesses públicos legalmente reconhecidos. Cfr. SÉRVULO CORREIA, *Polícia*, p. 404.

[89] Cfr. JOÃO RAPOSO, *Autoridade e Discricionariedade*, p. 2 e 3.

[90] Cfr. SÉRVULO CORREIA, *Polícia*, p. 395.

Mas essas *medidas de polícia das manifestações* inserem-se num *procedimento administrativo* que, em regra, deve principiar por um acto de iniciativa de particulares e cujo dever por parte dos promotores de uma manifestação constitui, ele também, uma restrição à liberdade que assim se pretende exercer. Examinemos, portanto, em primeiro lugar, essa figura.

26. Nos termos dos artigos 2.º e 3.º da *Lei da Liberdade de Reunião e Manifestação*, o *aviso prévio* será assinado por três promotores devidamente identificados ou, sendo a iniciativa de associações, pelas respectivas direcções. Deverá especificar a hora, o local e o objecto da manifestação e, quando se trate de desfile, o trajecto a seguir. Por manifesto lapso, o preceito não impõe expressamente a indicação do dia, mas esta deve considerar-se incluída na exigência da comunicação da hora. Quanto a esta, embora a lei o não faça, terá de entender-se que se refere a hora do início. Assim sendo, para a hora de encerramento apenas relevará a imposição genérica do limite das 0,30 horas, no artigo 11.º O aviso prévio deverá ser apresentado com a antecedência mínima de dois dias úteis ao governador civil do distrito ou ao presidente da câmara municipal, conforme o local da aglomeração se situe ou não na capital do distrito.

São hoje frequentes no Direito Público e, em particular, no Direito Administrativo, as situações em que uma iniciativa de particulares não depende de autorização administrativa, mas requer que se dê prévia notícia da conduta à Administração a fim de que esta possa adoptar medidas de conciliação do interesse particular com o interesse público e, em caso extremo, opor-se através de uma proibição. O dever ou ónus de aviso prévio representa para o interessado uma menor restrição à sua autonomia, visto que, concluído o período de dilação, pode agir sem ter de aguardar pelo acto administrativo permissivo. Compreende-se assim que, não aceitando o legislador constituinte a sujeição a autorização de qualquer tipo de reunião, por ser uma restrição pouco compatível com a essência da liberdade, admita a necessidade de princípio do *aviso prévio* para as manifestações, visto que a perigosidade específica destas – para os outros e para os próprios exercentes do direito – impõe um procedimento administrativo de acompanhamento policial, incluindo – caso a Administração o repute conveniente e os promotores se não mostrem contrários à ideia – o diálogo com estes no sentido de organizar da melhor maneira o exercício do dever estadual de protecção[91]. Deve tratar-se de uma aplicação do *princípio da cooperação da Administração Pública com os particulares para apoio das iniciativas destes*, enunciado no artigo 7.º, n.º 1, alínea b), do Código do Procedimento Administrativo. A imposição legislativa de um conteúdo essencial para o aviso prévio destina-se a assegurar a sua funcionalidade quanto à prossecução das atribuições policiais da Administração, em particular no tocante à segurança de pessoas e bens e ao planeamento da circulação.

Constituindo a *necessidade de entrega do aviso prévio* uma *restrição legislativa da liberdade de manifestação sob a faceta de liberdade de promoção*, esta parece em si mesma proporcionada à luz dos factores que devem ser conduzidos à ponderação e, desde logo, a protecção da vida e da integridade física dos próprios manifestantes. Mas o regime do aviso prévio passa também pelas *consequências da não entrega* quanto a manifestações levadas a cabo. A este propósito, convém distinguir entre as consequências para os manifestantes em geral e as consequências para os promotores.

De um modo geral, os autores convergem hoje para a conclusão de que os *simples manifestantes* não podem ser penalizados em consequência da falta de aviso prévio ou da apresentação deste sem preenchimento dos requisitos exigíveis. Isto significa, desde logo, que uma manifestação não deve ser objecto de uma

---

[91] Cfr. BENDA, in: *Bonner Kommentar*, p. 24. Como observam DIETEL/ /GINTZEL/KNIESEL, o aviso prévio (*Anmeldung*) tem como finalidade primária possibilitar a manifestação. Cfr. *Demonstrations- und Versammlungsfreiheit*, p. 240.

ordem de interrupção só por aqueles motivos. Independentemente daquelas circunstâncias, os manifestantes pacíficos encontram-se no exercício de um direito fundamental. Por outras palavras, o aviso prévio não constitui requisito de licitude da realização da manifestação, nem a sua falta pressuposto habilitante automático da respectivo interrupção[92]. Sem prejuízo da sua função vantajosa de requisito procedimental de uma cooperação entre Administração e promotores conducente à concordância prática com outros direitos e valores materialmente constitucionais em conflito[93], o aviso prévio não delimita, como requisito, o âmbito de protecção da liberdade de manifestação[94]. Ora, tratando-se de um mero requisito de ordem procedimental, não existem razões para concluir que a sua ausência coloque por si só os cidadãos fora do âmbito de protecção da liberdade fundamental de se manifestarem.

Questão diversa é a de saber quais sejam as *consequências da ausência de aviso prévio para os promotores* de uma manifestação. Reza ainda hoje o n.º 3 do artigo 15.º da *Lei de Liber-*

---

[92] Cfr. BARILE, *Istituzioni*, p. 662; BENDA, in: *Bonner Kommentar*, p. 47; GOMES CANOTILHO/VITAL MOREIRA, *Constituição Anotada*, p. 254; JORGE MIRANDA, *Direitos Fundamentais*, p. 489; MIRANDA DE SOUSA, *O Direito de Manifestação*, p. 17; PACE, *Libertà Costituzionale*, p. 305 e 330.

[93] Cfr. BENDA, in: *Bonner Kommentar*, p. 48 e 49; GUSY, *Kommentar*, p. 961.

[94] Ao contrário do n.º 2 do artigo 45.º da Constituição Portuguesa, o n.º 2 do artigo 21 da Constituição espanhola menciona expressamente o dever de aviso prévio. Compreendemos que o silêncio da Lei Fundamental portuguesa possa ter sido uma solução preferível do ponto de vista técnico-jurídico quando verificamos que uma decisão do Tribunal Constitucional espanhol (Acórdão 36/82) reconheceu a falta de aviso prévio como causa suficiente de proibição da manifestação. Embora também haja argumentado com o perigo (abstractamente) causado à segurança cidadã pela frustração da finalidade preventiva do aviso, o Tribunal parece ter considerado que as manifestações sem aviso prévio se quedam fora do âmbito de protecção, ao afirmar que «o único direito de reunião em lugar público que se reconhece no artigo 21, 2 [da Constituição] é aquele que necessariamente se há-de exercer com prévia comunicação às autoridades». Cfr. BARTOLOMÉ, *Derechos Fundamentales*, p. 188 e 189.

dade de Reunião e de Manifestação que «aqueles que realizarem reuniões, comícios, manifestações ou desfiles contrariamente ao disposto neste diploma incorrerão no crime de desobediência qualificada». Se este preceito alguma vez visou os simples manifestantes de uma manifestação não previamente comunicada, ter-se-á, nessa parte, tornado supervenientemente inconstitucional. E parece no mínimo muito duvidoso que ainda se aplique aos respectivos promotores, visto que, no actual artigo 348.º do Código Penal, a *desobediência* significa o incumprimento de uma ordem ou mandado e não a violação de uma norma. Também o artigo 304.º, sobre crime de desobediência a ordem de dispersão de reunião pública, que determina pena agravada para os desobedientes que sejam promotores da reunião, respeita apenas à inobservância da ordem de se retirar. Dir-se-ia, pois, que, neste momento, a injunção legal de apresentação de aviso prévio se encontra desamparada no plano sancionatório, mesmo relativamente aos promotores. Pareceria uma solução equilibrada a qualificação, em futuro diploma, da omissão de pré-aviso como ilícito de mera ordenação passível de coima para os promotores de montante graduado em função da dimensão da manifestação e dos inconvenientes que hajam resultado da impossibilidade de tomada das medidas preventivas necessárias.

27. Questão conexa com a figura do aviso prévio é a das *manifestações espontâneas* ou *instantâneas*. Estas são verdadeiras manifestações: distingue-as da mera aglomeração ou ajuntamento a existência de um propósito de expressar em comum uma finalidade ou um sentimento[95]. O que justifica e marca a sua tipificação para efeitos jurídicos é a circunstância de a razão de as levar a cabo surgir, mas se esgotar também, num tão curto espaço de tempo que não existe a possibilidade de pré-aviso com a antecedência legal.

---

[95] Cfr. PACE, *Libertà Costituzionali*, p. 305.

Já vimos que o âmbito de protecção da liberdade de manifestação não é delimitado negativamente pela exigência do pré-aviso. E, além disso, essa exigência torna-se ilógica quando seja impossível de cumprir pela força das circunstâncias. Lembremos os eventos ocorridos há alguns anos, em Timor-Leste após o referendo de autodeterminação, e o sentimento de urgência, perante situações dramáticas vividas naquele território, que trouxe de um momento para o outro para a rua muitos portugueses que exigiam medidas imediatas à comunidade internacional. Ora a imposição legal do aviso prévio dirige-se apenas às manifestações organizadas com antecedência, ou àquelas cujo objecto em nada será empecido pela espera do completamento da dilação mínima[96]. Impõe-se, pois, uma leitura conforme à Constituição do artigo 2.º, n.º 1, da *Lei da Liberdade de Reunião e Manifestação*, em cujos termos a exigência de pré-aviso não abrange as manifestações espontâneas ou instantâneas. Essa leitura é, de resto, aquela que melhor se adequa à letra do preceito. Também o efeito irradiante do n.º 2 do artigo 45.º da Constituição impõe à Administração Pública uma atitude amistosa para com o exercício da liberdade de manifestação (*versammlungsfreundlich*) e esse dever não se apaga perante o carácter espontâneo da demonstração. Nestes casos – como no das manifestações preparadas mas não previamente notificadas – o poder administrativo de interrupção nunca se baseará na ausência de aviso prévio, mas numa prognose de risco para com direitos fundamentais e outros valores com dignidade constitucional, assente em critérios adequados de acordo com o princípio da proporcionalidade[97].

Em vez de manifestações espontâneas ou instantâneas, deverá falar-se em *manifestações urgentes* quando haja promoção

---

[96] Cfr. BENDA, in: *Bonner Kommentar*, p. 17; HERZOG, in: *Maunz/Dürig*, p. 23, 32 e 40; HESSE, *Grundzüge*, p. 177; KLOEPFER, *Versammlungsfreiheit*, p. 753; LIVIO PALADIN, *Diritto Costituzionale*, p. 640.

[97] Cfr. HERZOG, in: *Maunz/Dürig*, p. 32; KLOEPFER, *Versammlungsfreiheit*, p. 763; REIS NOVAIS, *As Restrições*, p. 767; STERN/SACHS, *Staatsrecht*, III/1, p. 925.

para uma realização não imediata mas que, por força das circunstâncias, deva efectivar-se sem que se aguarde pelo decurso de dois dias úteis sobre a comunicação do aviso prévio. Também nestas situações, e pelas razões já expostas, deverá a Administração aceitar um pré-aviso mais curto, sem pretender basear-se na simples inobservância da antecedência legal para interditar a manifestação[98].

28. A primeira das medidas de polícia das manifestações tipificada pela *Lei da Liberdade de Reunião e Manifestação* é a *interdição* (artigos 1.º, n.ºˢ 1 e 2 e 3.º, n.º 2). Não importa examinar, neste momento da exposição, os parâmetros de constitucionalidade do exercício desta competência pela Administração. Interessa – isso sim – analisar o perfil da restrição legislativa.

Resolvido atrás o problema da ausência de reserva legislativa, cumpre agora considerar os *tópicos* do *carácter necessário* da restrição, da sua *compatibilidade com o conteúdo essencial* do direito e do *grau mínimo de densidade das normas*, uma vez que se relacionam com o exercício de discricionariedade pela Administração.

Não parece, em primeiro lugar, que, em abstracto, justifique grandes reticências a necessidade de uma competência administrativa de interdição de manifestações. A sua concessão representa, sem dúvida, uma restrição legislativa pesada, porque permite a possibilidade futura da afectação desvantajosa total do interesse de liberdade no tocante à sua realização com um certo propósito, em determinados dia, hora e local. Mas o próprio exame do Direito Comparado confirma a indispensabilidade de munir a Administração com tal tipo de poder, ainda que para ser exercido em casos extremos de grave e concreto perigo para outros direitos ou bens fundamentais e como *última ratio*, ou

---

[98] Cfr. BENDA, in: *Bonner Kommentar*, p. 49; HERZOG, in: *Maunz/Dürig*, p. 40.

seja, quando nenhuma outra medida menos gravosa se mostre adequada. A Constituição italiana, por exemplo, prevê expressamente a interdição de reuniões em lugar público por motivos *confirmados* de segurança ou de salubridade públicas (artigo 17, Secção 3). A lei alemã das reuniões (*Versammlungsgesetz*) de 1953 permite às autoridades competentes a proibição de reuniões ou cortejos quando, no momento da decisão, forem conhecidas situações capazes de fazer com que a respectiva realização coloque *imediatamente* em perigo a segurança ou a ordem públicas (§15, Secção 1). A hoje extinta Comissão Europeia dos Direitos do Homem considerou justificada a necessidade de proibições de manifestações em determinado local do Cantão de Jura, na Suiça, durante dois dias consecutivos, e, na região de Londres, pelo prazo de dois meses, embora sublinhando a natureza excepcional das circunstâncias que poderiam tornar admissível uma proibição com o carácter genérico desta última[99].

Em suma, faz sentido que o legislador tipifique a medida de proibição de manifestação por se não poder afastar liminarmente a hipótese de que uma manifestação provoque a lesão de direitos de outros e dos próprios manifestantes e, também, de outros valores com um significado global claramente superior ao da liberdade comprimida no caso concreto. Como é evidente, a previsão legislativa não significa que a aplicação da medida seja em todos os casos conforme com a Constituição. Mas também a violação de princípios constitucionais por uma proibição concreta não arrasta consigo a inconstitucionalidade da lei de competência. Se esta for inconstitucional, sê-lo-á por si mesma, por inobservância do regime constitucional das leis restritivas.

A esta luz, a questão seguinte reside em saber se a interdição é, por força do seu carácter absoluto para cada projectada manifestação sobre a qual vier a incidir, lesiva do *conteúdo essencial* do direito. Embora consciente das dificuldades, alinho com aqueles que entendem que o respeito do conteúdo essencial

---

[99] Cfr. FROWEIN/PEUKERT, *EMRK- Kommentar*, p. 417 e 418.

de um direito, liberdade e garantia não pode ser convertido em uma mera exigência de rigor na aplicação das máximas da proporcionalidade à ponderação[100]. Ao que creio, o *conteúdo essencial* ficará desrespeitado de cada vez que uma medida legislativa afectar a funcionalidade da actividade de manifestação relativamente à preservação e promoção da dignidade da pessoa humana. Assim sucederia, por exemplo, se a lei proibisse a pronúncia de palavras de ordem ou o transporte de dísticos que tornem explícito o princípio ou valor defendidos na manifestação, ou impedisse a realização de manifestações em qualquer local onde pudessem ter uma visibilidade efectiva. Em tais hipóteses, ficaria gravemente atingido o papel comunicativo da manifestação e, como ele, a intervenção no foro público dos cidadãos ou dos grupos sociais com escasso acesso aos principais meios de comunicação social, ou portadores de interesses e propostas com pouco eco junto da representação parlamentar. Ora, o mesmo se não pode dizer a propósito da permissão legislativa da proibição de manifestações administrativas quando a imponha a preservação da integridade física de terceiros, ou dos próprios manifestantes.

O preceito do n.º 2 do artigo 3.º da *Lei da Liberdade de Reunião e de Manifestação* enuncia como *pressuposto da interdição* a desconformidade entre o objecto ou fim da manifestação e os *standards* elencados no artigo 1.º, desde logo, portanto, a lei, a moral, os direitos das pessoas singulares ou colectivas, a ordem e a tranquilidade públicas. A constitucionalidade deste preceito só poderá ser salvaguardada através de uma leitura a vários títulos restritiva. Em primeiro lugar, não cabe à Administração posicionar-se perante a manifestação em função das propostas públicas ou dos sentimentos que através dela os participantes expressarão. A única coisa que interessa são as situações de *perigo concreto e confirmado* relativamente a direitos fun-

---

[100] Cfr. VIEIRA DE ANDRADE, *Direitos Fundamentais*, p. 305; CRISTINA QUEIROZ, *Direitos Fundamentais*, p. 216.

damentais, à moral, à ordem pública e ao bem estar numa sociedade democrática. Por outro lado, para este efeito, numa sociedade pluralista, a moral relevante não será o conjunto de cânones eventualmente professados pela maioria ou por instituições consolidadas, mas apenas a proibição geralmente aceite de certos actos de conduta exibicionista susceptíveis de importunar as outras pessoas ou de perturbar menores e por isso mesmo passíveis de incriminação. E, porque não cabe às autoridades administrativas ajuizar da bondade das críticas políticas dos manifestantes, parece hoje claramente inconstitucional o n.º 2 do artigo 1.º da mesma Lei, em cujos termos «serão interditas as reuniões que pelo seu objecto ofendam a honra e a consideração devidas aos órgãos de soberania e às Forças Armadas».

Mas uma leitura conforme à Constituição do n.º 2 do artigo 3.º passa ainda pelo entendimento de que não bastará qualquer perigo, ainda que concreto e comprovado, para outros direitos fundamentais ou valores comunitários com dignidade de *standards* justificativos de restrições para conduzir a uma interdição. A bondade da interdição só poderá resultar de uma ponderação segundo os parâmetros da proporcionalidade e seria bom que, num futuro novo diploma sobre a matéria, o correspondente preceito disso fizesse expressa ressalva.

29. Uma outra medida de polícia das manifestações, próxima da interdição pelos seus pressupostos e efeitos, é a *interrupção*. Dispõe com efeito o n.º 1 do artigo 5.º que as autoridades «só» poderão interromper a realização de reuniões, comícios, manifestações ou desfiles realizados em lugares públicos ou abertos ao público quando forem afastados da sua finalidade pela prática de actos contrários à lei ou à moral, ou que perturbem grave e efectivamente a ordem e a tranquilidade públicas, o livre exercício dos direitos das pessoas, ou quando infrinjam o disposto no n.º 2 do artigo 1.º (ou seja, «ofendam a honra e a consideração devidas aos órgãos de soberania e às Forças Armadas»).

É patente a estreita conexão entre as medidas de *interdição* e de *interrupção*. Em princípio, a realização de uma manifestação que haja sido interditada acarretará a sua interrupção[101]. Por outro lado, o legislador usa os mesmos *standards* limitativos para justificar qualquer das decisões. Isto significa que a conexão de consequencialidade também deve funcionar em sentido inverso ao que dita a logicidade da interrupção de uma manifestação que houvesse sido interditada: os motivos que já podiam ter sido invocados para fundamentar uma interdição que não foi proferida não devem mais tarde servir de base a uma decisão de interrupção, quando não tenham surgido no decurso da manifestação factos novos que, por si mesmos, ponham em perigo iminente e concreto, ou estejam já a lesar, direitos ou outros bens constitucionais merecedores dessa forma de tutela[102].

A interrupção de uma aglomeração nem sempre tem por efeito uma restrição à liberdade de manifestação. Com efeito, ela intervirá também perante ajuntamentos situados fora do âmbito de protecção do direito fundamental, por serem armados ou por outra forma não pacíficos. Mas não é esse – como se viu – o caso das manifestações que não tenham sido objecto de pré-aviso, não valendo essa simples circunstância como pressuposto de interrupção.

Tal como se sublinhou a propósito da proibição, a circunstância de a medida de *interrupção* ser em abstracto compatível com o regime constitucional de restrição legislativa das liberdades não significa que o seu uso em casos concretos não ofenda parâmetros materiais de constitucionalidade. Mas esse é um tópico versado um pouco mais adiante. Por agora, interessa acentuar que teria sido preferível que o legislador se não tivesse limitado à enunciação de *standards* finalísticos justificativos do exercício desta competência policial em concretas situações da

---

[101] Dispõe a Secção 4 do § 15 da Lei alemã das reuniões que «será interrompida uma manifestação interditada».

[102] Cfr. HERZOG, in: *Maunz/Dürig*, p. 41.

vida. Teria com efeito contribuído para que tais decisões preencham as mais das vezes os requisitos de proporcionalidade a fixação normativa de alguns momentos e passos de uma metodologia decisória. Por um lado, o legislador deveria ter estabelecido a prioridade do objectivo de isolamento de manifestantes violentos, quando estes sejam uma clara minoria, por forma a assegurar tanto quanto possível a continuação do exercício da liberdade por aqueles manifestantes que o fazem de modo pacífico[103].

Por outro lado, a forma de enunciar e efectivar a ordem de interrupção deveria ter sido minimamente procedimentalizada. A lei deveria enunciar o princípio da manutenção, na medida do possível, de diálogo entre o comando das forças policiais e os promotores no exercício de funções de direcção da manifestação; deveria prever a formulação da ordem de interrupção, com identificação do seu autor e em termos inequívocos e facilmente apreensíveis pelos manifestantes com recurso a meios de ampliação do som; deveria impor uma curta fundamentação material, dada no mesmo momento e de idêntico modo, bem como a especificação do dever individual de se retirar do ajuntamento e a advertência de que a desobediência constitui crime[104]. Por fim, dever-se-ia também ter especificado na lei a executoriedade imediata da ordem de interrupção e, para compensar a impossibilidade material de qualquer tutela jurisdicional imediata, deviam ter sido tipificadas as medidas de coerção directa e indicada uma ordem de preferência na sua aplicação segundo o princípio da necessidade[105].

A *ordem de interrupção* de uma manifestação e, em caso de desobediência, a sua *execução policial coerciva* constituem, por

---

[103] Cfr. BENDA, in: *Bonner Kommentar*, p. 27 a 32 e 51 e 52.

[104] Nos termos do artigo 304.º do Código Penal, é punido com pena de prisão quem não obedecer a ordem legítima de se retirar de ajuntamento ou reunião pública, dada por autoridade competente, com a advertência de que a desobediência constitui crime.

[105] Cfr. DIETEL/GINTZEL/KNIESEL, *Versammlungsfreiheit*, p. 296 e 297.

certo, a fase capital do procedimento administrativo das manifestações. Reinará inevitavelmente uma certa indeterminação quanto ao momento a partir do qual uma manifestação merece ser globalmente qualificada como violenta e, *ipso* facto, transmudada em simples aglomeração alheia ao âmbito de protecção do direito fundamental. E o mesmo se diga a propósito da dificuldade da determinação do preciso instante em que outra razão suficientemente forte, que não tenha a ver com a violência e, por isso, não descaracterize a manifestação enquanto tal, justifique no entanto a drástica restrição da liberdade através da imposição brusca e coerciva da cessação do seu exercício. A esta dificuldade de captar objectivamente um momento de tanto relevo jurídico, adicionam-se outros factores que vêm igualmente justificar a necessidade de um maior grau de densidade normativa em torno da configuração legislativa do poder administrativo de interrupção das manifestações. Não se pode, com efeito, ignorar que se trata de uma *prognose de perigo* efectuada imediatamente no local, numa altura em que os acontecimentos seguem o seu curso que, provavelmente, ninguém controla em plenitude. Por outro lado, o risco da necessidade do emprego da força para efectivar a ordem de interrupção obriga, também ele, a uma imediata estimativa de custos e benefícios. Tudo recomendaria, portanto, um tratamento legislativo com maior nível de densidade normativa, ao menos nos planos procedimental e de estatuição de uma sucessão de medidas de crescente onerosidade a adoptar segundo escalonados juízos de necessidade, já que seria vã a pretensão de total fechamento da hipótese legal[106].

O caso típico dos *bloqueios*, causados por manifestantes pacificamente sentados ou deitados sobre a via pública, deveria ser também objecto de um preceito que só permitisse a remoção coerciva não agressiva após um tempo mínimo, salvo razões de perigo iminente para a integridade física, e que fizesse depender o emprego desse meio pelas forças policiais de uma

---

[106] Cfr. REIS NOVAIS, *As Restrições*, p. 858.

dimensão séria minimamente tipificada dos efeitos nocivos do bloqueio para os direitos de terceiros ou para outros bens constitucionais[107].

30. Uma terceira e uma quarta medidas de polícia das manifestações, tipificada no artigo 6.º da *Lei de Liberdade de Reunião e de Manifestação*, são a *determinação da alteração dos trajectos programados* e a *determinação de utilização de uma só faixa de rodagem*. Segundo o n.º 1 do aludido preceito, as autoridades poderão tomá-las se isso for indispensável ao bom ordenamento do trânsito de pessoas e de veículos nas vias públicas. O n.º 2 estabelece a obrigatoriedade da forma escrita e da notificação aos promotores. Parece nítida a relação de subsidiariedade entre estas medidas, só se justificando a alteração do trajecto pretendido nos casos de fundadas insuficiência ou inadequação do confinamento do cortejo numa das metades das faixas de rodagem. Na verdade, a alteração dos trajectos é muito mais onerosa, dado que a visibilidade de uma manifestação e, logo, o seu grau de impacto sobre a opinião pública muito depende da importância dos locais onde permanecerá ou por onde desfilará. Essa importância mede-se também, mas não apenas necessariamente, pela centralidade na malha urbana. Interessam sobretudo, à luz dessa razão ou de outra, aqueles locais onde a manifestação seja vista e ouvida pelo maior número de pessoas e onde a sua real dimensão seja facilmente perceptível.

Não parece que, em rigor, a *determinação da utilização de uma só faixa de rodagem* deva ser considerada como verdadeira restrição. Não se vê que haja real prejuízo para o interesse de liberdade, mas tão só a organização do modo do seu exercício por forma a compatibilizá-lo com exigências da vida em sociedade. A autonomia de concretização da liberdade não é sofreada, visto que a manifestação segue o trajecto pretendido. Já, pelo

---

[107] Cfr. GUSY, *Polizeirecht*, p. 215.

contrário, tem a natureza de verdadeira restrição a *determinação de alteração dos trajectos programados*: o trajecto é um elemento essencial na configuração de uma manifestação do tipo de cortejo ou desfile, cabendo a sua escolha no âmbito de protecção da liberdade.

Esta determinação da alteração dos trajectos programados não constitui uma cláusula acessória modal de um acto administrativo de autorização. A manifestação não depende de autorização e, portanto, aquilo de que se trata é de uma verdadeira *ordem*, que restringe a autonomia de organização dos promotores[108].

O n.º 1 do artigo 6.º da *Lei de Liberdade de Reunião e de Manifestação* enuncia unicamente como valor limitativo, que poderá condensar-se, numa situação concreta, em *pressuposto da ordem de alteração do trajecto*, o *bom ordenamento do trânsito de pessoas e de veículos nas vias públicas*. A contraposição entre este interesse público e interesse de liberdade far-se-á segundo uma ponderação de proporcionalidade, que o preceito refere sob a perspectiva da *indispensabilidade*, ou seja, do carácter estritamente necessário da restrição. Mas o preceito não poderá, sob pena de inconstitucionalidade, ser lido à letra, isto é, sob a noção de legitimidade de quaisquer sacrifícios da liberdade com a forma de alteração de trajectos desde que, sem eles, fique prejudicado o bom ordenamento do trânsito.

O aspecto que se pretende sublinhar não é tanto o de o bem da boa ordenação ou fluidez do tráfego não possuir valor formalmente constitucional. A verdade é que, pelo menos mediatamente, o tem, visto que a liberdade de circulação constitui modalidade de exercício do direito de deslocação e, mesmo, do direito ao desenvolvimento da personalidade[109]. Mas aquilo que simplesmente não faz sentido é aceitar que o exercício da liberdade de manifestação deva ceder por princípio em face das necessidades do tráfego. Por outras palavras, não bastará concluir que a

---

[108] Cfr. GUSY, *Polizeirecht*, p. 211 e 212; HERZOG, in: *Maunz/Dürig*, p. 33.
[109] Cfr. REIS NOVAIS, *As Restrições*, p. 614.

mudança de trajecto da manifestação evitará prejuízo ao bom ordenamento do trânsito de pessoas e de veículos nas vias públicas para que se torne lícito esse sacrifício do direito de liberdade. De uma manifestação, resultará praticamente sempre perturbação para o trânsito. Se a exigência de não perturbação deste devesse prevalecer sempre e absolutamente, então não haveria manifestações, ou estas seriam inevitavelmente relegadas para descampados ou confins, onde permaneceriam isoladas do pulsar do coração colectivo[110]. A ponderação não poderá arrancar sob o postulado de que um dos bens em conflito haverá de preponderar em toda a linha, porque isso significaria substitui-la por uma hierarquização absoluta entre os bens em causa. Os sacrifícios deverão ser distribuídos pelos dois lados e o peso próprio do interesse de liberdade de manifestação à luz da sua serventia directa para com a preservação e promoção da dignidade da pessoa humana tido na devida conta[111].

Portanto, uma leitura conforme à Constituição do n.º 1 do artigo 6.º da *Lei da Liberdade de Reunião e Manifestação* não poderá ir no sentido de que a alteração de trajecto se imporá sempre que o percurso do desfile ocasionar quebra do bom ordenamento do trânsito. O preceito só pode significar que o prejuízo a este infligido será sopesado com a lesão causada à liberdade de manifestação por causa da hipotética mudança de trajecto e que a alteração só poderá ter lugar quando a gravidade dos transtornos ao trânsito, avaliada em função do número de pessoas afectadas e da intensidade dos sacrifícios que assim lhes sejam impostos, ultrapasse a lesão ao interesse de liberdade dos mani-

---

[110] Cfr. KLOEPFER, *Versammlungsfreiheit*, p. 765.

[111] HERZOG aponta a importância da manifestação para a posição do cidadão no Estado democrático de direito e para a formação da opinião pública como factor a levar à ponderação para efeito de aferir o peso da liberdade de manifestação em face do de outros bens jurídicos. Cfr. in: *Maunz//Dürig*, p. 36. Sobre a presença, em cada direito fundamental, de um conteúdo ou uma projecção da dignidade da pessoa humana, cfr. INGO SARLET, *Dignidade da Pessoa Humana*, p. 84 s.

festantes, medida à luz do grau de perda de impacto da manifestação em consequência da diferença entre o trajecto pretendido e o trajecto determinado[112].

Em suma, embora o n.º 1 do artigo 6.º da *Lei da Liberdade de Reunião e Manifestação* seja passível de uma interpretação restritiva conforme à Constituição, será preferível, no dia em que nova lei venha a ser aprovada, que a *ordem de alteração do trajecto* seja normativamente tipificada sob reserva de ponderação nos casos concretos, no quadro do princípio da proporcionalidade. Do novo preceito não poderá resultar a noção – que seria inconstitucional – da automática supremacia do interesse público da fluidez do trânsito. E o leque dos *standards* limitativos deveria ser o geral e não confinado àquele interesse, visto que, em determinados casos, outras razões, nomeadamente de segurança de pessoas e bens, poderão justificar a alteração do trajecto.

31. Uma última medida de polícia das manifestações tipificada pela *Lei da Liberdade de Reunião e Manifestação* é a de *reserva de zonas de protecção*. Com efeito, nos termos do respectivo artigo 13.º, poderão as autoridades competentes, por razões de segurança, impedir que se realizem reuniões, comícios, manifestações ou desfiles em lugares públicos situados a menos de 100 metros das sedes dos órgãos de soberania, das instalações e acampamentos militares ou de forças militarizadas, dos estabelecimentos prisionais, das sedes de representações diplomáticas ou consulares e das sedes de partidos políticos.

Na Alemanha, têm-se por vezes levantado dúvidas de constitucionalidade em face do estabelecimento pelas leis de *Länder* de zonas de protecção absolutas (*Bannkreise*) em torno dos locais dos órgãos parlamentares e jurisdicionais, onde as

---

[112] Sobre a necessidade de ponderação entre liberdade de manifestação e interesse da circulação pública, sem que à partida, qualquer deles deva prevalecer absolutamente, cfr. HERZOG, in: *Maunz/Dürig*, p. 36 a 38; KLOEPFER, *Versammlungsfreiheit*, p. 765 e 766.

manifestações fixas e os desfiles estão absolutamente proibidos. Alega-se que, dependendo o perigo de muito diversas circunstâncias, poderá haver excesso na restrição em alguns casos, ao passo que, em certos episódios, um raio de cem metros se poderá revelar insuficiente[113]. O legislador português evitou esse problema, remetendo para a autoridade administrativa uma discricionariedade de decisão no âmbito da apreciação de «razões de segurança», cujo exercício sempre poderá ser objecto de controlo jurisdicional de proporcionalidade, imparcialidade e, eventualmente, erro nos pressupostos de facto. O relevo constitucional dos valores protegidos não levanta grandes dúvidas. A recordação que muitos, em Portugal, conservarão do cerco à Assembleia Constituinte permite-nos compreender com facilidade a importância para o Estado Democrático do funcionamento dos órgãos parlamentares sem constrangimentos físicos e até psíquicos. Idênticas preocupações se aplicam à preservação das condições de independência no exercício da função jurisdicional. Igualmente dignas de virtualidade restritiva do direito de manifestação são as medidas adequadas e necessárias à protecção das representações diplomáticas e consulares dos excessos de manifestantes que possam colocar o Estado em situação de responsabilidade internacional. Quanto aos outros locais previstos na lei (instalações militares ou de forças militarizadas, estabelecimentos prisionais e sedes de partidos políticos), são todos essenciais à segurança externa e interna ou ao exercício do direito de participação politica e ao funcionamento da democracia representativa, pelo que se justificam soluções que assegurem, através da ponderação das circunstâncias concretas, a concordância prática dos *standards* em causa com a liberdade de manifestação.

---

[113] Cfr. BENDA, in *Bonner Kommentar*, p. 44 e 45; KLOEPFER, *Versammlungsfreiheit*, p. 764.

XIII. *As restrições legislativas de natureza estatutária*

32. Normas restritivas de tipo diferente das anteriormente consideradas são aquelas que estabelecem, relativamente a certas categorias sócio-profissionais, um nível de garantia efectiva inferior ao âmbito de protecção constitucional da liberdade de manifestação. Trata-se de restrições de *natureza estatutária* porque se incorporam materialmente no estatuto profissional das categorias visadas pelo legislador.

Como se referiu já, o artigo 270.º da Constituição encerra uma autorização expressa de restrição legislativa dos direitos de reunião e manifestação (entre outros) dos militares e agentes militarizados dos quadros permanentes em serviço efectivo e dos agentes dos serviços e forças de segurança. Essa permissão é condicionada a uma reserva de que as restrições se contenham «na estrita medida das exigências das... funções próprias» de tais militares e agentes. Há, pois, a identificação de um *parâmetro finalístico específico*: o das necessidades funcionais inerentes à pertença à instituição militar e aos serviços e forças de segurança e ao desempenho de actividade nos respectivos quadros. Ao mesmo tempo, é-nos recordado o imperativo de uma *razão de proporcionalidade* entre as medidas restritivas e os requisitos da prossecução dos fins próprios das instituições em causa.

Não se pode dizer que esta autorização constitucional de restrições legislativas se situe abaixo do padrão garantístico assegurado pelo artigo 11 da Convenção Europeia dos Direitos do Homem. Embora – pelo menos até recentemente – só a extinta Comissão Europeia dos Direitos do Homem, e não o Tribunal, tivesse tido ocasião de se pronunciar sobre casos concretos, os comentadores confluem no essencial. Admite-se, em primeiro lugar, que militares e agentes de forças de segurança sofram restrições aos direitos de reunião (em sentido amplo) e de associação no quadro do n.º 2 do artigo 11. Enquanto se mantiver o desempenho de funções justificativas de restrições, estas poderão ir até à integral proibição do exercício dos direitos. Mas os sacrifícios terão de ser proporcionados à natureza e intensidade das exigências funcionais[114]. No âmbito dos bens jurídicos que, nos termos do n.º 2 do artigo 11, podem constituir fim legítimo das restrições às liberdades enunciadas neste preceito, avultam os da *segurança nacional* e *defesa da ordem*. A «ordem» cujas necessidades de defesa justificam as restrições não é apenas a ordem num plano global, mas a ordem no interior de instituições que são por seu turno essenciais à preservação da ordem global. Não se pode admitir que a dissolução da hierarquia ou a erosão da disciplina ponham em causa a eficácia operacional das Forças Armadas e das forças de segurança. Sem a preservação destas condições institucionais, militares e agentes de forças de segurança poderão não estar mais em condições de assegurar as suas responsabilidades específicas[115].

Os bens jurídicos com os quais a plenitude do exercício do direito de manifestação entraria em conflito estão referenciados no n.º 4 do artigo 31.º da *Lei da Defesa Nacional e das Forças Armadas*, em cujos termos, no exercício dos respectivos direitos, os militares estão sujeitos às obrigações decorrentes do estatuto da *condição militar* e devem observar uma conduta conforme à *ética militar* e respeitar a *coesão e a disciplina das Forças Armadas*. No seu *Servitude et Grandeur Militaires*, ALFRED DE VIGNY, com a facilidade que lhe advinha da dupla índole de grande prosador e de militar descendente de uma velha e aristocrática casta de soldados, definia o quase indefinível, ou seja, aquilo que singulariza a *condição militar*: «*L'Abnégation complète de soi-même, l'attente continuelle et indifférente de la mort, la*

---

[114] Cfr. FROWEIN/PEUKERT, *EMRK-Kommentar*, p. 419; GRABENWARTER, in: *Bonner-Kommentar*, p. 2; ISABEL MOREIRA, in: *Estudos de Direito de Polícia*, II, p. 307.

[115] Cfr. LETURCQ, *Standards*, p. 30, 115, 184, 185 e 205; YOUROW, *The Margin of Appreciation*, p. 42 e 43. No mesmo sentido, quanto à interpretação finalística do artigo 270.º da Constituição: ISABEL MOREIRA, in: *Estudos de Direito de Polícia*, II, p. 297.

renonciation entière à la liberté de penser et d'agir, les lenteurs imposées à une ambition bornée, et l'impossibilité d'accumuler des richesses produisent des vertus qui sont plus rares dans les classes libres et actives»[116].

Decorridos mais de cento e cinquenta anos sobre a escrita daquelas linhas, já nem tudo é bem assim no tocante à renúncia à liberdade de pensar e de agir. A força irradiante dos direitos fundamentais substitui à obediência cega aquele outro tipo de obediência que DE VIGNY profetizava que um dia viria: «... *une obéissance clairvoyante et intelligente qui examine et peut s'arrêter»*[117]. Aos militares também se aplica o n.º 3 do artigo 271.º da Constituição, segundo o qual o dever de obediência cessa sempre que o cumprimento das ordens ou instruções implique a prática de qualquer crime. Mas, se o militar não tem de, nem pode, renunciar à capacidade de ajuizar as ordens que recebe à luz de valores supremos que a ninguém é dado ignorar, ele continua – e continuará, enquanto a Humanidade carecer de preparar a guerra para guardar a paz – inserido, no tocante a certas liberdades fundamentais, numa «comunidade separada» sujeita a uma «Constituição – outra»[118]. Por isso, outros textos constitucionais, além do português, habilitam expressamente o legislador a restringir o exercício pelos membros das Forças Armadas de direitos que mais directamente poderão conflituar na prática com as respectivas coesão e disciplina, ou seja, conduzir à atenuação das relações hierárquicas e substituição destas por condutas atomísticas ou baseadas em relações transversais, como as sindicais e outras relações de tipo associativo[119]. Noutras ordens jurídicas nacionais, o legislador fá-lo mesmo sem expressa permissão constitucional, por se entender que se trata de dar

---

[116] Cfr. *Servitude et Grandeur Militaires*, p. 28.
[117] *Idem*, p. 40.
[118] Cfr. ANTÓNIO DE ARAÚJO, *O Direito da Defesa Nacional*, p. 309.
[119] O artigo 17-a) da Lei Fundamental alemã permite ao legislador a restrição de liberdades de expressão, de reunião e de petição dos membros das Forças Armadas.

forma a imperativos decorrentes de valores constitucionalmente protegidos[120].

Convém perceber que estas restrições não correspondem ao caduco conceito das *relações especiais de poder* que, aliás, nunca teve grande implantação na doutrina juspublicista portuguesa. Não se trata, naturalmente, de estabelecer um perímetro estatutário dentro do qual não vigorem certos direitos fundamentais, mas tão só de permitir ao legislador que restrinja esses direitos de modo a garantir a realização de interesses públicos essenciais postos a cargo da instituição militar e das forças de segurança[121].

33. O artigo 31.º-C da *Lei de Defesa Nacional e das Forças Armadas* proíbe absolutamente, aos militares em efectividade de serviço dos quadros permanentes e em regime de voluntariado e de contrato, a participação em qualquer manifestação que tenha «natureza político-partidária ou sindical». Aqueles militares poderão participar nos restantes tipos de manifestações desde que: a) as manifestações sejam «legalmente convocadas»; b) não ponham em risco a coesão e a disciplina das Forças Armadas; c) estejam desarmados; d) trajem civilmente e não ostentem qualquer símbolo nacional ou das Forças Armadas. Estas restrições aplicam-se igualmente aos militares da Guarda Nacional Republicana (artigo 15.º do respectivo Estatuto, aprovado pelo Decreto-

---

[120] Em Itália, a lei veda aos militares a participação em reuniões de militares expressamente qualificadas como tais, bem como a comparência em quaisquer outras reuniões, quando estejam uniformizados. Cfr. PACE, *Libertà Costituzionali*, p. 328. Em Espanha, os militares estão proibidos de participar em manifestações políticas, sindicais ou reivindicativas. Curiosamente (ano- malamente ...) estas restrições não foram expressamente previstas na Cons- tituição, mas o texto normativo do qual decorrem foi aprovado pelas próprias Cortes Constituintes. Cfr. FERNANDO PABLO, in: *Ejército, Polícia y Libertad Sindical*, p. 417.

[121] Cfr. STERN/SACHS, *Staatsrecht*, III/2, p. 1811 e 1812; ISABEL MOREIRA, in: *Estudos de Direito de Polícia*, II, p. 291; SÉRVULO CORREIA, *Legalidade e Autonomia Contratual*, p. 104.

-Lei n.º 265/93, de 31 de Julho). A extensão do regime restritivo faz sentido, visto se tratar de uma força militarizada.

No tocante ao requisito da *legalidade da convocação* das manifestações, suscitou-se já o problema de saber se têm capacidade jurídica para a ela proceder as associações profissionais dos militares. Já vimos que a faculdade de convocar manifestações é um meio jurídico coberto pelo âmbito de protecção do direito de manifestação e que, para este efeito, também as associações gozam de tal direito. A questão está, porém, em saber se a restrição do direito de manifestação dos militares, tal como constitucionalmente permitida, pode também passar, e passa efectivamente, pela retirada do direito de convocação às respectivas associações.

Respondendo à primeira destas duas interrogações, direi que esse modo de restrição cabe na *ratio* do artigo 270.º da Constituição. A restrição do direito de manifestação dos militares responde a «exigências próprias das funções» destes ou seja, a salvaguarda da *coesão e disciplina das Forças Armadas*, como bem interpreta o legislador no artigo 31.º-C da *Lei da Defesa Nacional e das Forças Armadas*. Ora, aquilo que mais depressa põe em causa tal coesão e disciplina são quaisquer eventos de reivindicação colectiva, designadamente os que sejam gerados e levados a cabo através de estruturas *ad hoc* ou associativas alheias às cadeias de comando e, mais tarde ou mais cedo, em conflito com estas. De nada servirá, no entanto, que a lei proíba aos militares manifestações de natureza sindical (artigo 31.º-C) se as suas associações sócio-profissionais puderem convocar manifestações, visto que estas associações podem promover actividades sobre matérias sócio-profissionais e exprimir opinião sobre elas (*Lei do Direito de Associação Profissional dos Militares* – Lei Orgânica n.º 3/2001, de 29 de Agosto, artigo 2.º, alíneas d) e g)).

Em suma, quanto à primeira pergunta, a resposta é a de que se afigura adequado ao fim visado pelo artigo 270.º da Constituição e um modo de restringir o direito de manifestação dos militares proibir às respectivas associações profissionais a respectiva convocação.

E também me parece que deve ser positiva a resposta à segunda questão, consistindo em saber se a lei efectivamente procede a tal restrição. A razão de ser da pergunta é a de a Lei Orgânica n.º 3/2001, sobre o direito de associação profissional dos militares, não conter uma expressa proibição de convocação de manifestações por estas. Afigura-se, no entanto, clara a natureza taxativa do elenco de faculdades inseridas na capacidade jurídica de tais associações, que inclui a convocação de reuniões, mas não assim a de manifestações. Através da Lei n.º 3/2001, o legislador exerce o poder de restringir o direito de associação dos militares, que também lhe é conferido pelo artigo 270.º da Constituição. O propósito desta lei é claramente o de explicitar para que podem servir e o que podem fazer as associações profissionais dos militares. Tudo aquilo que não caiba no modelo legal fica de fora do âmbito de licitude. É, por isso, uma técnica de expressão normativa carregada de sentido a admissão expressa da convocação de reuniões no âmbito das finalidades estatutárias e o silêncio quanto à promoção de manifestações.

Neste ponto se revela, aliás, a porosidade ou sobreposição parcial de âmbitos entre os direitos de reunião (em sentido amplo, isto é, compreendendo o de manifestação) e de associação, que os Autores frequentemente sublinham a propósito da conjugação de diversas liberdades (de expressão, de reunião e manifestação, de imprensa, de associação, de petição) como elementos de formação livre da opinião pública[122]. A possibilidade, por vezes, do seu exercício conjugado[123] também pode gerar a necessidade ou conveniência da sua restrição articulada. Compreende-se, pois,

---

[122] Cfr. HERZOG, in: *Maunz/Dürig*, p. 8; KLOEPFER, *Versammlungsrecht*, p. 746; JORGE MIRANDA, *Direitos Fundamentais*, p. 484 e 485; PACE, *Libertà Costituzionali*, p. 308 a 310.

[123] Cfr. NACCI, *Libertà di Riunione*, p. 162; PACE, *Libertà Costituzionali*, p. 300.

que, a fim de assegurar a efectividade da restrição do direito de manifestação dos militares consistindo em vedar-lhes as manifestações de carácter «sindical», ou seja, de reinvindicação sobre temas sócio-profissionais, o legislador simultaneamente negue às suas associações sócio-profissionais[124] a faculdade de promover manifestações. Particularmente significativa desta conjugação é, aliás, a circunstância de, no n.º 1 do artigo 3.º da Lei Orgânica n.º 3/2001, sobre o *Direito de Associação Profissional dos Militares*, se dispor que o exercício dos direitos consagrados para estas associações fica sujeito às restrições e condicionalismos previstos nos artigos 31.º a 31.º-F da *Lei da Defesa Nacional e das Forças Armadas*, entre as quais, precisamente, as restrições ao direito de manifestação.

34. Embora concorde, pelas razões que antecedem, com o sentido decisório de uma sentença do Tribunal Administrativo e Tributário de Lisboa, de 13 de Setembro de 2005 (1.º Juízo Liquidatário, Intimação para a protecção de direitos, liberdades e garantias n.º 2144/05), que indeferiu o pedido de intimação para defesa da liberdade de manifestação deduzido por uma associação profissional de militares, merece-me reticências um dos argumentos usados, segundo o qual não assistiria a militares em efectividade de serviço dos quadros permanentes e em regime de voluntariado e de contrato, individualmente considerados, o direito de promover manifestações. O argumento utilizado na sentença é o literal e baseia-se no confronto entre os artigos 31.º-B e 31.º-C da *Lei da Defesa Nacional e das Forças Armadas*. Com efeito, ao passo que o primeiro destes dois preceitos determina que os militares podem convocar ou participar em qualquer reunião legalmente convocada que não tenha natureza político-

---

[124] Nos termos do artigo 1.º, n.º 1, da Lei Orgânica n.º 3/2001, elas exercem representação institucional dos seus associados e têm carácter «sócio-profissional».

-partidária ou sindical, o segundo apenas refere o direito de participar em manifestações, mas não o de as convocar.

Não me parece que este confronto de redacções seja por si só decisivo. Não pode esquecer-se que a função dos artigos 31.º-A a 31.º-F da *Lei da Defesa Nacional e das Forças Armadas* é a de estabelecer restrições a liberdades fundamentais. A liberdade de manifestação impõe-se *prima facie* com a extensão correspondente ao âmbito de protecção do n.º 2 do artigo 45.º da Constituição, tornando-se necessário que o legislador ampute parte do respectivo objecto ou das posições jurídicas activas que formam o respectivo conteúdo para que o âmbito de garantia efectiva surja diminuído em relação àquele primeiro padrão. Em princípio, pois, não se torna necessário que o legislador afirme que os militares individualmente considerados podem promover manifestações para que lhes assista essa faculdade. Pelo contrário, só a perdem se o legislador lhes a retirar.

Dir-se-á que segui um discurso argumentativo de sentido inverso no tocante à determinação da capacidade jurídica das associações profissionais de militares, nomeadamente no que toca à questão da titularidade por elas da faculdade de promover manifestações. Mas esse hipotético contra-argumento não seria pertinente. A verdade é que, certamente por atenção ao princípio da especialidade das pessoas colectivas, a Lei Orgânica n.º 3/2001 caracterizou, no artigo 2.º, este tipo de associações através da enunciação dos seus escopos específicos. Foi por isso que, em vez de restringir o direito de associação dos militares dispondo sobre aquilo que as suas associações sócio-profissionais não podem fazer, atingiu esse mesmo resultado especificando tudo aquilo que elas podem fazer e assim tornando claro, por via do raciocínio *a contrario*, a ilicitude, quanto a elas, de quaisquer outras actividades.

Em contrapartida, não parece que tivesse qualquer razão a requerente da intimação quando argumentava que, assistindo aos militares em nome individual o direito de promover manifestações, não faria sentido recusar o mesmo direito às respectivas associações sócio-profissionais. A verdade é que, ao passo que a capacidade jurídica de uma pessoa singular, tendencialmente ilimitada de acordo com um princípio de autonomia, só conhece os limites que legitimamente lhe sejam postos, a de uma pessoa colectiva existe funcionalizada aos respectivos escopos estatutários. A capacidade jurídica da associação não replica, portanto, a dos seus associados. E, ao passo que um militar pode promover uma manifestação sem qualquer conexão com o estatuto sócio-profissional dos militares, porque infinitos aspectos dos interesses envolvidos no desenvolvimento da sua personalidade nada têm a ver com isso (ou com questões «político-partidárias»), já uma associação sócio-profissional dificilmente abrangerá no âmbito dos fins que lhe cabe prosseguir outros que se não prendam com a profissão dos seus associados.

35. Como seria natural, dado o carácter civil da Polícia de Segurança Pública[125], as restrições ao direito de manifestação do seu pessoal têm um carácter mais leve do que aquelas que incidem sobre os militares e os membros de uma força de segurança militarizada como a Guarda Nacional Republicana. Pela leitura do artigo 3.º, alínea c), da Lei n.º 14/2002, de 19 de Fevereiro, vê-se que os membros da PSP não podem convocar manifestações de carácter político ou partidário. Mas poderão tomar parte nelas, desde que trajando civilmente e sem usar da palavra nem exibir qualquer tipo de mensagem. Da comparação entre este

---

[125] Nos termos do artigo 1.º, da Lei n.º 5/95, de 27 de Janeiro (Lei de Organização e Funcionamento da Polícia de Segurança Pública), esta Polícia é «uma força de segurança com a natureza de serviço público». De acordo com o respectivo n.º 3, «a PSP está organizada hierarquicamente em todos os níveis da sua estrutura com respeito pela diferenciação entre funções policiais e funções gerais de gestão e administração públicas, obedecendo quanto às primeiras à hierarquia de comando e quanto às segundas às regras gerais de hierarquia da função pública». Sobre o assunto, v. ISABEL MOREIRA, in: *Estudos de Direito de Polícia*, II, p. 280.

preceito e o artigo 6.º da Lei n.º 6/90, de 20 de Fevereiro, deduz-se que o pessoal da PSP passou a poder convocar manifestações de carácter sindical. E o novo preceito deixou de proibir expressamente a participação com uniforme em manifestações com carácter sindical. Em termos de política legislativa, parece-me muito questionável a admissibilidade de manifestações de carácter sindical por parte dos agentes submetidos a uma «hierarquia de comando», por motivo da sua adstrição ao exercício de funções policiais. Dir-se-ia que a natureza especial desta relação hierárquica, envolvendo o enquadramento sob comandos (artigos 57.º e seguintes da Lei n.º 5/99, de 27 de Janeiro), justifica, por necessidades de coesão e disciplina, um regime idêntico ao das Forças Armadas e das forças militarizadas no tocante à restrição do direito de manifestação para fins sindicais. Quanto ao uso de uniforme por parte dos manifestantes, não se trata – a meu ver – de uma faculdade abrangida pelo âmbito de protecção do direito de manifestação. Aquele uso não se mostra necessário para revelar qual seja a mensagem dos manifestantes e a sua identidade grupal: para tanto, bastam os dísticos e as palavras de ordem. A questão depende, pois, tão somente do que disponham as normas gerais sobre uso do uniforme no tocante à faculdade de o envergar quando se não esteja em serviço. Quaisquer limitações não poderão ser consideradas restrições ao direito de manifestação, precisamente por não conflituarem com o respectivo âmbito de protecção.

§ 5
AS RESTRIÇÕES ADMINISTRATIVAS AO DIREITO DE MANIFESTAÇÃO

XIV. *A polícia administrativa das manifestações: ponderação de direitos e outros bens constitucionais em conflito e margem de livre decisão*

36. Da tarefa legislativa de restrição do direito de manifestação, resultam efeitos, ora imediatos ora mediatos. Os primeiros produzem-se *ope legis*, como sucede, por exemplo, com a interdição de participação de militares em manifestações de natureza político-partidária ou sindical (artigo 31.º-C, da *Lei da Defesa Nacional e das Forças Armadas*). Na maioria dos casos, trata-se, porém, de restrições baseadas na lei, ou seja, introduzidas na esfera jurídica do cidadão através de acto administrativo ou jurisdicional de aplicação do preceito legislativo que tipifica a restrição. Assim sucede com a prática por autoridades administrativas das *medidas de polícia das manifestações* configuradas na *Lei da Liberdade de Reunião e de Manifestação*, como sejam a interdição e a interrupção de manifestações, entre outras.

A Constituição é pródiga no que toca à asserção da *reserva de lei* no domínio que ora nos interessa. Fá-lo em termos gerais, quando inclui na reserva relativa de competência legislativa da Assembleia da República a matéria dos direitos, liberdades e garantias (CRP, artigo 165.º, n.º 1, b)). Essa reserva é sublinhada no tocante às *medidas de polícia*, quando o n.º 2 do artigo 272.º da Constituição exige a sua previsão pela lei, com o que se parece sublinhar a insuficiência das cláusulas gerais de competência policial para habilitar à restrição de liberdades com destinatários individualizados. Mas, numa passagem que a História política portuguesa bem explica sem que isso atenue a pouca inspiração na metodologia normativa proposta, qualifica-se ainda a reserva de lei, exigindo-se a expressa previsão na Constituição da actuação restritiva do legislador (CRP, artigo 18.º, n.º 2).

No entanto, confrontada com parâmetros de tamanha exigência formal, não consegue a doutrina portuguesa contemporânea negar a inevitabilidade de uma actividade restritiva pelo legislador, perante situações sociais que imperiosamente a reclamam, sem que se possa encontrar para as providências adequadas e necessárias uma matriz explícita na letra da Constituição. Mais do que isso, porém, não há como fugir à verificação da indispensabilidade da prática de actos administrativos restritivos cujo perfil decisório se não encontra sequer matriciado na letra da lei, embora tenham de corresponder a competências em razão da matéria dos órgãos que os praticam. Ao primeiro aspecto já se fez alusão, cabendo agora uma breve menção aos problemas da aplicação administrativa das normas que estabelecem as medidas de polícia das manifestações, bem como aos de outras intervenções a que as autoridades competentes se poderão ver forçadas para assegurar a concordância prática de direitos fundamentais e, ou, de outros bens constitucionais em colisão ou conflito, sem que essas outras decisões se encontrem tipificadas na *Lei da Liberdade de Reunião e de Manifestação*.

37. A aplicação das medidas de polícia das manifestações tipificadas pela *Lei da Liberdade de Reunião e de Manifestação* envolve sempre o exercício de discricionariedade administrativa e, por vezes, também o de margem de livre apreciação no preenchimento de conceitos jurídicos indeterminados.

O poder de interditar uma manifestação é, pelo menos as mais das vezes, discricionário. Nos termos do artigo 3.º, n.º 2, a *ratio decidendi* da interdição consistirá na desconformidade entre o objecto ou fim da manifestação e os parâmetros formulados pela negativa no artigo 1.º: ausência de incompatibilidade entre o fim da manifestação e a lei, a moral, os direitos das pessoas singulares ou colectivas, a ordem e a tranquilidade públicas. Destes parâmetros ou *standards* restritivos, os mais objectivos, isto é, susceptíveis de serem determinados através de um *raciocínio teorético-discursivo*[126], são a lei e os direitos de terceiros, quando a manifestação se destine a ofendê-los. Mas, mesmo nestas hipóteses, a Administração não se encontra à partida vinculada a interditar. Ela *pode* fazê-lo, o que não é a mesma coisa (artigo 3.º, n.º 2). E que esta conclusão não pareça estranha: pode justificar-se uma prognose de maiores males em caso de interdição que, com grande probabilidade, tenha de ser executada pela força do que aqueles que resultarem da violação de algum preceito legal ou da ofensa de direitos de alguns. Significa isto que a Administração terá de proceder a uma ponderação do conjunto de bens jurídicos e privados envolvidos segundo parâmetros de proporcionalidade. Nesta operação, a discricionariedade aflorará, se não na selecção dos elementos da realidade concreta relevantes e irrelevantes para efeito da ponderação, pelo menos na distribuição do peso, ou importância relativa, a conferir a cada um dos tidos por relevantes, os quais apontarão por vezes em sentidos opostos no tocante ao exercício da discricionariedade de decisão (*Entschliessungsermessen*)[127].

Quando aquilo que esteja em causa seja a possível ofensa de direitos (entre os quais os dos próprios manifestantes em

---

[126] Sobre a natureza do *raciocínio teorético-discursivo* como fixação do sentido da norma, efectuada e controlável através de métodos hermenêuticos cuja incorrecta aplicação é susceptível de ser objectivamente infirmada, v. SÉRVULO CORREIA, *Legalidade e Autonomia Contratual*, p. 135; WALTER SCHMIDT, *Einführung*, p. 62 s.

[127] Sobre o conceito de discricionariedade de decisão, cfr. SÉRVULO CORREIA, *Legalidade e Autonomia Contratual*, p. 479. Sobre elementos adequados à ponderação, v. WINKLER, *Studien*, p. 240, 241 e 244.

consequência de ameaças externas, sobretudo de contramanifestações agressivas) ou a perturbação da ordem e tranquilidade públicas (*standards* do artigo 1.º, n.º 1, coincidentes com os do artigo 29.º, n.º 2, da DUDH), releva a especificidade da *prognose de perigo*, típica do *iter* de exercício da discricionariedade policial.

O *perigo*, cuja prevenção constitui a essência da actividade administrativa policial (a par da neutralização da sua concretização ainda em curso), é um típico conceito de prognose. Por *prognose*, entende-se uma estimativa do modo de desenvolvimento futuro de uma situação, feita em termos que não são de momento infirmáveis[128]. E, para efeitos do Direito Administrativo da polícia, *perigo* é a ameaça objectiva da lesão imediata de bens jurídicos por condutas individuais ilegais particularmente susceptíveis de a gerar numa situação concreta[129].

Em face das características da manifestação promovida e da sua contextualização com as condições sócio-políticas do momento, a prognose conclui por uma estimativa do grau de perigosidade dos manifestantes e, eventualmente também, do grau de perigosidade de factores externos à manifestação para os próprios manifestantes. A avaliação da intensidade do perigo ou dos perigos combinar-se-á, na ponderação, com a atribuição de importâncias relativas ao exercício do direito de manifestação e aos direitos e outros bens jurídicos sobre os quais a manifestação desencadeia perigo. Quanto mais elevado for o perigo que se estima, quanto ao grau de probabilidade da sua concretização e à dimensão dos seus efeitos sobre os bens jurídicos carecidos de tutela, menor será o peso relativo a atribuir à efectivação do direito de manifestação naquele momento e naquelas condições[130].

Mas (e estas considerações aplicam-se também à *ordem de interrupção*), para justificar o sacrifício da liberdade de quem

---

[128] Cfr. WALTER SCHMIDT, *Einführung*, p. 62.

[129] Cfr. FABER, *Verwaltungsrecht*, p. 228; KOCH/RUBEL/HESELHAUS, *Allgemeines Verwaltungsrecht*, p. 240 s.

[130] Cfr. DIETEL/GINTZEL/KNIESEL, *Versammlungsfreiheit*, p. 215; WALTER SCHMIDT, *Einführung*, p. 42.

pretende manifestar-se, não basta que uma manifestação coloque em *perigo concreto e imediato* outros direitos fundamentais e, ou, outros bens relativamente aos quais haja um imperativo constitucional de concordância prática. A invocação fundamentada de um perigo relevante não dispensará a ponderação dos bens jurídicos em colisão ou conflito, gizada sobre as *três vertentes do princípio da proporcionalidade*. À luz das circunstâncias do caso concreto, a *interdição de manifestação*, ou a *ordem de interrupção*, terão de se revelar *solução adequada ou idónea* para a satisfação dos direitos ou interesses públicos relevantes. Mas ainda que se detecte essa idoneidade funcional, terá de poder concluir-se também que a medida restritiva em causa seja *necessária ou indispensável*. No n.º2 do artigo 272.º, a Constituição destaca o particular relevo desta máxima na utilização das medidas de polícia. Proíbe-se o excesso, não se permitindo, para o nosso caso, a interdição ou a interrupção da manifestação quando medidas mais brandas pudessem salvaguardar os bens constitucionais em perigo, cuja tutela se visa.

Para esse efeito, perante perigos externos, outras medidas também funcionais e menos onerosas para o direito de manifestação seriam a *alteração dos trajectos*, ou a alteração da hora, ou mesmo do dia, quando se revelem capazes de atenuar ou mesmo dissolver o risco concretamente receado. Quanto à *alteração de trajectos*, o artigo 6.º, n.º 1, da *Lei da Liberdade de Reunião e Manifestação* apenas a contempla à luz da indispensabilidade do bom ordenamento do trânsito. Já se observou que a norma não poderia ser entendida em conformidade com a Constituição como significando que a presença daquele interesse público no caso concreto justificasse por si só a *alteração de trajecto*. A idoneidade e a indispensabilidade não bastarão, impondo-se também um juízo de proporcionalidade em sentido estrito, que tome na devida conta o peso próprio da liberdade de manifestação e os efeitos do seu sacrifício no caso concreto. Igualmente foi já sublinhada a possibilidade de conjugar os dispositivos dos artigos 6.º, n.º 1, e 7.º para concluir que, entre aquelas «necessárias providências» que, sem especificar, a lei permite que sejam tomadas com o fim de evitar a perturbação por contramanifestação, caberá precisamente a alteração de trajectos ditada por essa finalidade.

A viabilidade da substituição das medidas mais gravosas da interdição ou da interrupção da manifestação por outras como, por exemplo, a da alteração dos trajectos, muito depende da existência de um clima de diálogo e colaboração (sem subordinação) entre autoridades e promotores, o qual constitui uma aplicação específica de princípios como o da participação dialógica procedimental dos interessados e o da colaboração da Administração com o os particulares.

Mas, no tocante às medidas administrativas restritivas da liberdade de manifestação, a máxima da *proporcionalidade em sentido estrito* não é menos importante do que as da necessidade ou indispensabilidade. Com efeito, é através daquela que avultam tanto o peso próprio da liberdade de manifestação como interesse levado à ponderação quanto a carga negativa, axiológica e existencial, da sua amputação. É o que sucede, por exemplo, quando há conhecimento da existência ou da probabilidade de contramanifestações, ou quando actua no seio da manifestação uma minoria de elementos violentos e, ou, armados, ou, ainda, quando os manifestantes procedem ao bloqueio de uma via de trânsito sentando-se ou deitando-se pacificamente no respectivo piso. Em todas essas situações, o direito de manifestação colide com outros direitos fundamentais e, ou, com outros valores comunitários constitucionalmente admitidos como elementos de ponderação. Ora, nesse balanço de vantagens e inconvenientes, há que não minorar o significado do sacrifício da liberdade[131]. Ele não pode ser deixado, por cedência à facilidade, no poder de disposição de contramanifestantes ou agitadores desinteressados do contributo da manifestação para a vitalidade da democracia pluralista e da rede de livres práticas intercomunicativas.

---

[131] Como nota Gusy, o primeiro dos factores de ponderação é a especial protecção constitucional da liberdade de manifestação. Cfr. in: *Kommentar*, p. 934.

A interdição ou a interrupção de uma manifestação que se estima ou verifica ser constituída por manifestantes pacíficos, pelo menos em larga maioria, representa uma interferência séria (e não apenas moderada ou menor) numa liberdade fundamental. Por isso, para se justificar, terá de servir para evitar efectivas consequências negativas pelo menos tão sérias para outros direitos ou valores constitucionais. Dir-se-á que dificilmente se poderá encontrar outro valor abstracto que possa sobrelevar o valor da liberdade num caso concreto. Mas é o que sucede, por exemplo, com o valor da vida humana, a qual se perde de uma vez, ao passo que a liberdade poderá ser exercida a seguir[132]. Daí a importância da objectividade e fundamentação da prognose de risco.

Só, pois, em circunstâncias excepcionais poderá a Administração interditar ou interromper uma manifestação perigosa, em vez de adoptar todas as providências necessárias para que os manifestantes pacíficos exerçam o seu direito nas condições da possível segurança. Este dever de protecção adquire particular relevo por ser ao Estado que cabe o monopólio do poder de coerção física e a responsabilidade do asseguramento de condições de livre expressão das posições minoritárias[133]. Assim sendo, a interdição ou a interrupção de uma manifestação devido a perigos externos só é pensável em casos de verdadeiro *estado de necessidade*, em que a Administração estime fundadamente não poder alcançar de outro modo a protecção dos manifestantes contra as ameaças à sua vida e integridade física[134].

Também quando surjam no interior da manifestação elementos isolados ou grupúsculos minoritários com atitudes não

---

[132] Sobre estas categorias de intensidade na afectação de direitos fundamentais e na contraposta realização de outros direitos e bens em conflito, v. ALEXY, *A Theory of Constitutional Rights*, p. 405 s.

[133] Cfr. KLOEPFER, *Versammlungsfreiheit*, p. 759; JORGE MIRANDA, *Direitos Fundamentais*, p. 492; JORGE MIRANDA/RUI MEDEIROS, *Constituição Anotada*, p. 465.

[134] Cfr. HERZOG, in: *Maunz/Dürig*, p. 29; GRABENWARTER, in: *Bonner Kommentar*, p. 12; WINKLER, *Studien*, p. 236.

pacíficas, ou portadores de armas, o dever das autoridades policiais é – sobretudo quando possam contar com a possível colaboração por parte dos promotores ou de outros manifestantes pacíficos – tentar proceder ao seu *isolamento e afastamento*, e não à interrupção da manifestação. Só quando se não revele possível fazer retirar os elementos violentos, preservando o exercício do direito pela maioria dos manifestantes pacíficos, e se atinja por via disso um estádio de insusceptibilidade de controlo, se terá materializado uma causa legítima de interrupção por, apesar de não ser esse o propósito da maioria dos manifestantes, a manifestação se ter tornado globalmente não pacífica[135].

Por fim, o peso axiológico próprio do direito de manifestação impõe também às autoridades policiais uma prudente ponderação nos casos de *bloqueio* por manifestantes que, sem exercício de violência, se limitam a interpor o seu corpo à passagem de veículos em determinada via pública. A circunstância de os actos praticados com o intuito de impedir ou embaraçar a circulação de veículos a motor poderem constituir crime (Código Penal, artigo 290.º, n.º 1, alínea b)), ou ilícito de mera ordenação social (Código da Estrada, artigo 3.º, n.º 4), não subtrai os manifestantes que efectuam um bloqueio ao âmbito de protecção do direito de manifestação. A situação tem, pois, de ser avaliada segundo um juízo de ponderação, dependendo a tomada de uma ordem de interrupção da apreciação dos direitos e outros interesses merecedores de tutela constitucional ofendidos pelo bloqueio e, sobretudo, da dimensão dessa ofensa à luz das circunstâncias do caso concreto. A concordância prática será alcançável em muitos casos através da fixação de um limite de tempo razoável para a conclusão do bloqueio[136].

---

[135] Cfr. BENDA, in: *Bonner Kommentar*, p. 27 a 29, 31 a 34, 51 e 52; KLOEPFER, *Versammlungsrecht*, p. 758; NACCI, *Libertà di Riunione*, p. 170 e 171.

[136] Cfr. BENDA, in: *Bonner Kommentar*, p. 34; FROWEIN/PEUKERT, *EMRK-Kommentar*, p. 411; GRABENWARTER, in: *Bonner Kommentar*, p. 2 e 12; GUSY, in: *Kommentar*, p. 968 a 970.

Em conclusão quanto a este ponto, cumpre reter que, na medida em que ocorra, não basta a constitucionalidade das medidas de polícia das manifestações tipificadas em abstracto na *Lei da Liberdade de Reunião e de Manifestação* para garantir a conformidade com a Constituição dos actos administrativos correspondentes. Só a observância do princípio da proporcionalidade na ponderação concreta que estiver subjacente ao exercício da discricionariedade assegurará a validade da decisão administrativa. Estas decisões subordinam-se naturalmente também aos restantes princípios constitucionais da conduta administrativa, designadamente os da igualdade de tratamento e da imparcialidade.

38. Figuras interessantes são as daquelas decisões que, no exercício da polícia das manifestações, a Administração Pública se considera compelida a tomar pela força das circunstâncias, muito embora se não encontrem sequer tipificadas na lei. Entre nós, REIS NOVAIS chamou recentemente a atenção para a existência de casos em que se suscita «a necessidade de solucionar colisões não constitucionalmente previstas e não legalmente reguladas entre bens constitucionais, mormente nos casos em que o Estado deve intervir para resolver conflitos entre direitos fundamentais e direitos de terceiros»[137]. Sublinha este Autor que a «intervenção restritiva individual e concreta que atinge o âmbito de protecção do direito fundamental» pode ter de ser levada a cabo em situações em que, na ausência de norma habilitante ou com suficiente densidade normativa, a Administração se vê a braços com a necessidade imperiosa de uma promoção de bens dignos de protecção que envolva ... uma afectação desvantajosa de um direito fundamental». Assim sucederá quando se não detecte sentido inibitório no silêncio do legislador e seja manifesto o desequilíbrio entre os efeitos negativos da restrição e a dimensão muito superior dos danos que esta procura prevenir.

---

[137] Cfr. *As Restrições*, p. 859.

Poderá, designadamente, suceder que a medida restritiva atípica salvaguarde outro direito fundamental que careça da protecção estatal. Nestes casos, abre-se uma margem de actuação administrativa que deve ser tão mais alargada quanto mais relevante for o bem que se pretende prosseguir com a actuação restritiva[138].

Não se concebe com facilidade um substancial número de condutas administrativas relativas ao exercício do direito de manifestação que possam revelar-se necessárias sem que se encontrem tipificadas na *Lei da Liberdade de Reunião e de Manifestação*. Mas a vida é sempre capaz de gerar situações que antes escapariam à mais imaginativa das mentes: não é, por isso, de excluir que outras condutas administrativas venham a revelar-se necessárias à composição dos bens constitucionais em conflito, em determinadas situações concretas, com o direito de manifestação. Sem pretender esgotar o imaginável elenco, adianto as figuras da *ordem de alteração do trajecto dada no decurso da manifestação*, da *ordem de paragem do cortejo durante um certo lapso de tempo* e da *ordem de afastamento*, um exercício do *ius excludendi* contra algum ou alguns manifestantes que tenham sido detectados na prática ou exortação à prática de actos não pacíficos ou imorais. Na medida em que, à face das circunstâncias concretas, estas decisões se revelem como um *minus* relativamente a uma possível ordem de interrupção, poderá, até, entender-se que, por força do princípio da necessidade, elas se compreendem, como competências implícitas, na competência de interrupção. Este é um plano em que a questão da reserva de lei no tocante à restrição de direitos fundamentais assume o perfil especificamente administrativo do princípio da competência, por força do qual se não presumem competências, mas se admitem as competências implícitas[139].

---

[138] *Idem*, p. 865 a 871.

[139] Sobre competências implícitas da Administração como inferíveis a partir de uma regra legal mediante argumentos lógicos, v. MARCELO REBELO DE SOUSA, *Lições*, I, p. 186.

XV. O controlo jurisdicional das medidas de polícia das manifestações: jurisdição e intensidade

39. No tocante ao controlo jurisdicional das medidas de polícia das manifestações, apenas poderei fazer alusão a dois tópicos, o primeiro dos quais é o da jurisdição. O problema coloca-se pelo facto de o n.º 1 do artigo 14.º da *Lei da Liberdade de Reunião e de Manifestação* determinar que «das decisões das autoridades tomadas com violação do disposto neste diploma cabe recurso para os tribunais ordinários, a interpor no prazo de quinze dias, a contar da data da decisão impugnada». A questão reside em saber se esta regra especial de competência se mantem em vigor ou se o tipo de litígios em causa se compreende hoje no âmbito material da jurisdição dos tribunais administrativos.

Este preceito data de uma época em que era incerto o futuro da ordem jurisdicional administrativa[140], nele tendo vingado manifestamente a ideia francesa da «autoridade judiciária» (ou seja, do juiz dos tribunais comuns) como guardiã da liberdade individual[141]. De então para cá, a posição da Ordem Jurisdicional Administrativa e o âmbito material da sua jurisdição conheceram uma evolução significativa. Os tribunais administrativos foram integrados no Poder Jurisdicional e, a partir da Revisão Constitucional de 1989, a Ordem Jurisdicional Administrativa encontra-se coberta por uma *garantia institucional*. Esta impede o legislador ordinário não só de extinguir o sistema de tribunais administrativos, mas também de lhes retirar competências compreendidas numa reserva de jurisdição baseada na cláusula geral das relações jurídicas administrativas (CRP, artigo 212.º, n.º 3). Exceptuam-se casos pontuais, desde que não descaracterizem o núcleo essencial da jurisdição administrativa e desde que exista fundamento material razoável para confiar a tribunais não admi-

---

[140] Cfr. SÉRVULO CORREIA, *Contencioso Administrativo*, p. 535.
[141] Cfr. DEBBASCH/RICCI, *Contentieux Administratif*, p. 239 s.

nistrativos o conhecimento de certos litígios emergentes de relações jurídicas administrativas[142]. Ora, não se pode entender que exista um fundamento material razoável para retirar aos tribunais administrativos portugueses a cognição dos litígios jurídicos administrativos em que esteja em causa o modo como a Administração tenha restringido direitos fundamentais. Ao contrário do que ainda sucede em França, o juiz administrativo português não é mais um órgão jurisdicionalizado da Administração, mas sim um juiz tão judiciário como o juiz dos tribunais ditos comuns. Deve pois concluir-se que, se a revogação do n.º 1 do artigo 14.º da *Lei da Liberdade de Reunião e Manifestação* não tiver ocorrido antes, ela teve por certo lugar por força do disposto pela alínea a) do n.º 1 do artigo 4.º do Estatuto dos Tribunais Administrativos e Fiscais, aprovado pela n.º 13/2002, de 19 de Fevereiro, em cujos termos compete aos tribunais da jurisdição administrativa a apreciação dos litígios que tenham por objecto a tutela de direitos fundamentais. Embora o preceito o não diga claramente, terá, naturalmente, de entender-se que são cobertos por esta jurisdição os casos de tutela de direitos fundamentais enquadrados em relações jurídicas administrativas[143]. Ora, as medidas de polícia constituem relações jurídicas administrativas, ou modificam-nas, fazendo-as evoluir.

40. O regime jurídico das restrições administrativas ao direito de manifestação inclui ainda um tema interessante, a que também apenas se poderá fazer uma breve menção: refiro-me ao problema da *intensidade do controlo jurisdicional das medidas de polícia das manifestações*. Para simplificar, equacioná-lo-ei apenas no quadro da *intimação para protecção de direitos, liber-*

---

[142] Cfr. SÉRVULO CORREIA, *Contencioso Administrativo*, p. 592 e 593.

[143] Cfr. AROSO DE ALMEIDA, *O Novo Regime*, p. 285 e 286. Sobre a aplicabilidade da *intimação para a protecção de direitos* aos direitos de reunião e de manifestação como «exemplo clássico de utilização», v. COSTA LEÃO, *A Intimação*, p. 410.

dades e garantias, instituída pelo novo Código de Processo nos Tribunais Administrativos.

Dado que, pela força das coisas, este remédio não será utilizável para combater uma ordem de interrupção, ele poderá ser requerido em face de actos de interdição, ou de alteração do trajecto programado, ou de concreta demarcação de zonas de protecção. A acção é mandamental e, portanto, em caso de provimento, a decisão consistirá numa ordem às autoridades administrativas competentes para não aplicarem aqueles tipos de restrições. Se o exercício em tempo útil do direito de manifestação requerer medidas de protecção, elas poderão também constituir objecto do pedido e conteúdo da decisão jurisdicional (CPTA, artigos 109.º, n.º 1, e 110.º, n.º 4).

A circunstância de se não tratar de uma forma processual de controlo cassatório não afasta o problema da *intensidade do controlo*. Como se viu, a Administração age no quadro de um juízo de ponderação. E este é conatural do exercício da discricionariedade. A circunstância de se dever ater às máximas da proporcionalidade apenas estabelece limites à margem de livre decisão, mas não substitui a liberdade por um mecanismo determinista. A questão consiste, pois, em saber se a circunstância de se deparar com a aplicação administrativa de restrições a um direito fundamental implica, em sede de controlo, a plena substituição da *discricionariedade administrativa* pela *discricionariedade judicial*.

Estou de acordo com a posição largamente maioritária segundo a qual, em matéria de tão evidente juridicidade como a da compressão de direitos, liberdades e garantias devida à força de outros direitos fundamentais ou valores de dignidade constitucional, a verificação da observância dos limites aos limites, entre os quais o princípio da proporcionalidade, deverá ser tão mais intensa quanto mais séria a restrição e, ou, mais aberta a textura da norma de competência para as medidas restritivas[144]. Não creio, porém, que esta asserção deva ser levada ao extremo da defesa de um

---

[144] Cfr. BROHM, *JZ*, 1995, 8, p. 370 e 371.

controlo jurisdicional pleno das medidas de polícia das manifestações. Não me repugna que, como sustenta REIS NOVAIS, a indeterminação normativa que habilita a Administração a ponderar amplamente seja compensada pela vinculação aos direitos fundamentais, isto é, pelo controlo pleno dos aspectos da ponderação que têm directamente a ver com a medida do sacrifício do direito fundamental[145]. Mas isso não deve significar que, designadamente no processo de intimação, o juiz se possa substituir à Administração na *prognose de perigo*. Este é um raciocínio de estimativa, por definição incerta, sobre as consequências futuras de uma decisão (de agir ou não agir), ao qual se refere OSSENBÜHL dizendo que o juiz não deveria retirar à Administração a responsabilidade pelo desfecho de uma prognose falhada, assumindo-a ele indevida e desnecessariamente[146].

Por vezes, a Administração poderá considerar que o não impedimento (absoluto, ou relativo por modificações do trajecto, por exemplo) da situação projectada pelos promotores da manifestação suscita uma saliente probabilidade de relevantes danos nos bens jurídicos passíveis de ponderação em confronto com a liberdade de manifestação. Quando tal estimativa do desenvolvimento futuro da situação haja constituído um pressuposto daquela decisão administrativa, que se impetra ao juiz que contrarie através de uma contradecisão, e o raciocínio substitutivo que se pede do julgador respeita à prognose de risco, este não possuirá essência jurídica. Trata-se antes de uma análise sociológica, baseada no conhecimento das motivações e dos tipos habituais de actuação dos grupos sociais envolvidos e de um cálculo de probabilidade sobre a maneira como aqueles irão movimentar-se. Tal estimativa baseia-se na experiência acumulada pela polícia[147]. Ao juiz deve competir apenas um controlo de erro, seja o erro nos pressupostos de facto, seja um erro manifesto de apreciação traduzido no

---

[145] Cfr. REIS NOVAIS, *As Restrições*, p. 849.
[146] Cfr. *Fests Redeker*, p. 62.
[147] Cfr. KNEMEYER, *Polizei- und Ordnungsrecht*, p. 53 a 57.

emprego de critérios evidentemente inadequados. Para isso, precisa da fundamentação da decisão, incluindo a enunciação da razão ou das razões de probabilidade. Como se não trata de anular um acto administrativo por vício de forma por falta ou insuficiência de fundamentação, mas de determinar eventualmente um diferente comportamento concreto ao órgão da Administração, nada impede que o juiz exija os esclarecimentos necessários para se poder aperceber da hipotética existência de um *erro de prognose*[148]. Mas, não sendo clara a ocorrência de tal erro, não cabe ao juiz assumir ele o risco pelas consequências danosas cujo evitamento teria justificado, à luz de um juízo de proporcionalidade, a restrição concreta da liberdade de manifestação. Essa é uma responsabilidade política sujeita a controlo político e, por isso, própria da Administração.

---

[148] Cfr. KOCH/RUBEL/HESELHAUS, *Allgemeines Verwaltungsrecht*, p. 226 a 242.

§ 6
CONCLUSÕES

XVI. *O cotejo do âmbito de garantia efectiva de manifestação com o âmbito* **prima facie** *da protecção constitucional: uma consecução satisfatória?*

41. Tendo começado por estabelecer o *âmbito de protecção* do direito de manifestação e passado depois ao exame das restrições que sobre ele incidem, resta agora formular um juízo sobre a distância que aparta daquele paradigma constitucional *prima facie* a realidade pós-legislativa, ou seja, o *âmbito da garantia efectiva*[149]. Sendo esta uma liberdade relativamente à qual a Constituição não prevê expressamente casos de restrição legislativa para além das restrições de exercício de natureza estatutária consentidas no artigo 270.º, um largo afastamento entre o objecto de protecção constitucional e a posição de vantagem efectivamente fruída pelos cidadãos poderia constituir um índice de deficiente saúde democrática.

Não creio que haja razões para uma análise assim tão pessimista. O *âmbito de garantia efectiva* resulta de sobreposição das práticas legislativa, administrativa e jurisdicional. No caso português, avulta de longe, de entre estes três planos, a obra do

---

[149] Não se pretende traçar o catálogo completo dos defeitos e insuficiências do Decreto-Lei n.º 406/74. Esse inventário foi, em parte, estabelecido, já há alguns anos, por MIRANDA DE SOUSA (Cfr. *O Direito de Manifestação*).

legislador. Quanto à escassez de elementos detectáveis no tocante à *praxis* administrativa e ao labor jurisprudencial, ela não constitui necessariamente um mau sinal, visto que, provavelmente, significa que, na grande maioria dos casos, o exercício da liberdade de manifestação não tem suscitado litígios jurídico-administrativos. É certo que as situações mais problemáticas poderão não ter deixado rasto processual por ocorrerem em torno de ordens de interrupção e da sua execução coerciva, pouco propícias ao emprego de meios de tutela jurisdicional, a não ser na área do processo crime. Mas essa área não foi abrangida pela investigação subjacente à presente lição, circunscrita a uma perspectiva de Direito Administrativo enquanto Direito Constitucional concretizado. No plano do processo administrativo, a recente instituição de um meio processual de *intimação para protecção de direitos, liberdades e garantias* veio finalmente proporcionar uma tutela jurisdicional adequada à escassez habitual do intervalo de tempo entre a notificação de uma medida de interdição, alteração de trajectos ou delimitação de zona de protecção e o dia marcado para a manifestação. É assim natural que, de futuro, problemas que anteriormente não davam lugar à busca de remédio junto dos tribunais venham a servir de matéria prima à paulatina formação de jurisprudência.

No *tecido legislativo*, quatro realidades devem ser levadas em conta para uma determinação do *âmbito de garantia efectiva*: a) o elenco de medidas restritivas; b) o feixe de *standards* finalísticos justificativos da efectivação de restrições nos casos concretos; c) o âmbito e a intensidade das restrições estatutárias e, d) o delineamento dos meios jurídicos destinados à satisfação do dever estatal de protecção da liberdade de manifestação.

O *catálogo legislativo de medidas restritivas* poderia ser um tanto mais diversificado, graças sobretudo à expressa aplicabilidade da alteração de trajectos a outras necessidades que não apenas as do ordenamento do trânsito. Simultaneamente, estabelecer-se-ia uma ordem de preferência que remetesse a interdição ou a interrupção para o nível das soluções de último recurso.

Mas a verdade é que o imperativo constitucional de proporcionalidade dita já hoje essa estratégia decisória. E, quanto às medidas tipificadas pelo nosso legislador, elas traduzem meios de intervenção requeridos pela possibilidade de salvaguardar a *concordância prática* da liberdade de manifestação com outros direitos e interesses públicos fundamentais e em nada destoam das que habitualmente figuram nos outros Direitos nacionais. Cabe à doutrina e – se for caso disso – à jurisprudência preencher um vazio de enunciado normativo, deixando claro que a efectivação de manifestações urgentes ou instantâneas não justifica por si só as respectivas interdição ou interrupção.

Quanto aos *standards finalísticos justificativos das intervenções restritivas concretas*, teria sido preferível que, na ausência de uma sua enunciação constitucional específica, o legislador utilizasse um formulário uniforme em diplomas como a *Lei da Liberdade de Reunião e Manifestação* e a *Lei de Segurança Interna*. E tal redacção deveria reproduzir a do n.º 2 do artigo 29 da DUDH, ou reportar-se claramente a ela na medida em que a submetesse a um desdobramento densificante. Em todo o caso, os enunciados finalísticos da *Lei da Liberdade de Reunião e Manifestação* são passíveis de uma interpretação conforme ao preceito da DUDH, com excepção da inconstitucional rejeição dos objectos de manifestação susceptíveis de ofender «a honra e a consideração devidas aos órgãos de soberania e às Forças Armadas».

No tocante às restrições estatutárias, o seu âmbito conforma-se com a permissão constitucional e não se vê que incorram em excesso.

O plano em que se poderá dizer que o *âmbito de garantia efectiva* se afasta demasiado do *âmbito de protecção constitucional* – e isso assim por omissão legislativa – é o da enunciação de meios jurídicos destinados a promover a observância do dever estadual de protecção. E isto não apenas quanto ao modo de enfrentar os perigos externos para os manifestantes mas, sobretudo, no domínio da precedimentalização do diálogo entre a

Administração e os promotores, orientado pelo fito de encontrar tanto quanto possível modos consensuais de ultrapassar os obstáculos postos pelas circunstâncias dos casos concretos à efectivação do interesse de liberdade.

Mais do que a letra das leis, importam, porém, o Direito e a sua aplicação esclarecida. E, da ordem jurídica do Estado de direito democrático português, podemos colher todas as directivas necessárias para que grupos de cidadãs e cidadãos possam humanizar a cidade, limpá-la por momentos da chaga da solidão individual no meio da multidão indiferente e recuperar a praça pública como lugar de estar juntos e de agir conjugados[150] na formação pluralista de uma razão colectiva.

---

[150] Cfr. WINKLER, *Studien*, p. 213 («*beisammen zu bleiben und Kollektiv zu wirken*»).

BIBLIOGRAFIA

ALEXY, Robert, *Theorie der Grundrechte*³, Frankurt-am-Main: Suhrkamp, 1996 (citado: *Theorie der Grundrechte*).

—, *A Theory of Constitutional Rights* (Tradução de *Theorie der Grundrechte* por Julian Rivers), Oxford: University Press, 2002 (citado: *A Theory of Constitutional Rights*).

ARAÚJO, António de, *Direitos e deveres fundamentais dos cidadãos perante a Defesa Nacional*, in: BLANCO DE MORAIS/JORGE MIRANDA (Coord.), *O Direito da Defesa Nacional e das Forças Armadas*, Lisboa: Edições Cosmos, 2000 (citado: *O Direito da Defesa Nacional*).

von ARNAULD, Andreas, *Die Freiheitsrechte und ihre Schranken*, Baden-Baden: Nomos, 1998 (citado: *Die Freiheitsrechte*).

AROSO DE ALMEIDA, Mário, *O Novo Regime do Processo nos Tribunais Administrativos*⁴, Coimbra: Almedina, 2005 (citado: *O Novo Regime*).

BARBERA, Augusto, *Principi Costituzionali e Libertà di Corteo*, in: *Studi in memoria di C. Esposito*, IV, Padova: CEDAM, 1974 (citado: in *Studi C. Esposito*).

—, *La Carta Europea dei Diritti e la Costituzione Italiana*, in: *La Libertà e i Diritti nella Prospettiva Europea, Atti della giornata di studio in memoria di Paolo Barile*, Padova: CEDAM, 2002, p. 107 s (citado: *La Carta Europea dei Diritti*).

BARILE, Paolo, *Istituzioni di Diritto Pubblico*⁶, Padova: CEDAM, 1991 (citado: *Istituzioni*).

BARTOLOMÉ CENZANO, José Carlos, *Derechos Fundamentales y Libertades Públicas*, Valencia: Tirant lo Blanch, 2003 (citado: *Libertades Públicas*).

BECK, Ulrich, *World Risk Society*, Cambridge: Polity, 2000 (citado: *World Risk Society*).

BENDA, *Comentário ao artigo 8 da Grundgesetz*, in: *Bonner Kommentar zum Grundgesetz*, III, Heidelberg: C.F.Müller, 1995 (citado: in: *Bonner Kommentar*).

BETTI, Emilio, *Teoria Generale della Interpretazione*, I e II, Ed. corrigida e ampliada por Giuliano Crifò, Milano: Giuffrè, 1990 (citado: *Teoria Generale della Interpretazione*).

Brohm, Winfried, *Ermessen und Beurteilungsspielraum im Grundrechtsbereich, Juristen Zeitung*, 21 de Abril de 1995, p. 369 s. (citado: *Jz*, 1995, 8).

Caetano, Marcello, *Manual de Direito Administrativo*[9], II, Lisboa: Coimbra Editora, 1972 (citado: *Manual*, II).

Carlassare, Lorenza, *Intervento*, in: *La Libertà e i Diritti nella Prospettiva Europea, Atti della giornata di studio in memoria di Paolo Barile*, Padova: CEDAM, 2002, p. 89 s (citado: *Intervento*).

Costa Leão, Anabela da, *A Intimação para a Protecção de Direitos, Liberdades e Garantias sob o Signo da Urgência*, in: JOÃO CAUPERS/ /BACELAR GOUVEIA (Coord.), *Estudos de Direito Público*, Lisboa: Âncora Editora, 2006 (citado: *A Intimação*).

Debbasch/Ricci, *Contentieux Administratif*[8], Paris: Dalloz, 2001 (citado: *Contentieux Administratif*).

Di Fabio, Udo, *Risikoentscheidungen im Rechtsstaat*, Tübingen: Mohr, 1994 (citado: *Risikoentscheidungen*).

Dietel/Gintzel/Kniesel, *Demonstrations- und Versammlungsfreiheit – Kommentar zum Gesetz über Versammlungen und Aufzüge*[14], Köln: Carl Heymanns Verlag, 2005 (citado: *Demonstrations- und Versammlungsfreiheit*).

Duarte, Maria Luísa, *A Carta dos Direitos Fundamentais da União Europeia – Natureza e Meios de Tutela*, in: *Estudos em Homenagem à Professora Doutora Isabel de Magalhães Collaço*, I, p. 723 s.

Duffar, Jean, *Les Libertés Collectives, Libertés et Droits Fondamentaux*, Paris: Montchrestien, 1996 (citado : *Libertés et Droits Fondamentaux*).

Fernando Pablo, Marcos, *Ejército, Policía y Libertad Sindical*, in: DOMÍNGUEZ-BERRUETA DE JUAN/FÉRNANDEZ DE GATTA SÁNCHEZ/ /FERNANDO PABLO/NEVADO MORENO, *Constitución, Policía y Fuerzas Armadas*, Madrid: Marcial Pons, 1997 (citado: *Ejército, Policía y Libertad Sindical*).

Frowein/Peukert, *Europäische MenschenRechtsKonvention, EMRK-Kommentar*[2], Kehl : N.P.Engel Verlag, 1996 (citado : *EMRK-Kommentar*).

Gomes Canotilho, José Joaquim, *Direito Constitucional e Teoria da Constituição*[7], Coimbra: Almedina, 2003 (citado: *Direito Constitucional*);

—, *Estudos sobre Direitos Fundamentais*, Coimbra: Coimbra Editora, 2004 (citado: *Estudos*).

Gomes Canotilho/Vital Moreira, *Constituição da República Portuguesa Anotada*[3], Coimbra: Coimbra Editora, 1993 (citado: *Constituição Anotada*).

Grabenwarter, *Nachbem. 2. Art 8: Europarecht*, in: *Bonner Kommentar zum Grundgesetz*, III, Heidelberg: C.F. Müller, 2002 (citado: in: *Bonner Kommentar*).

GUSY, Christoph, *Comentário ao artigo 8*, in: Christian Starck (Herausg.), *Das Bonner Grundgesetz – Kommentar*, I[4], München: Verlag Franz Wahlen (citado: in: *Kommentar*);

—, *Polizeirecht*, Tübingen: Mohr, 1993 (citado: *Polizeirecht*).

HABERMAS, Jürgen, *Faktizität und Geltung*[3], Frankfurt-am-Main: Suhrkamp, 1993 (citado: *Faktizität und Geltung*).

—, *Die Einbeziehung des Anderen: Studien zur politischen Theorie*, Frankfurt-am-Main: Suhrkamp, 1999 (citado: *Die Einbeziehung*).

HERZOG, Roman, *Comentário ao artigo 8 da Grundgesetz*, in: MAUNZ/DÜRIG, *Grundgesetz-Kommentar*, II, München: C.H.Beck, 1987 (citado: in: *Maunz/Dürig*).

HESSE, Konrad, *Grundzüge des Verfassungsrechts der Bundesrepublik Deutschland*[20], Heidelberg: C.F.Müller, 1999 (citado: *Grundzüge*).

HOFFMANN-RIEM, Wolfgang, *Comentário ao artigo 8*, in: Baümlin e outros, *Kommentar zum Grundgesetz für die Bundesrepublik Deutschland*, Band I, Luchterhand, 1984 (citado: in: *Kommentar*).

ISENSEE, Josef, *Das Grundrecht als Abwehrrecht und als Staatliche Schutzpflicht*, in: ISENSEE/KIRCHHOF (Herausg.), *Handbuch des Staatsrechts*, V, *Allgemeine Grundrechtslehren*, Heidelberg; C.F.Müller, 1992 (citado: *Das Grundrecht als Abwehrrecht und als Staatliche Schutzpflicht*).

KLOEPFER, Michael, *Versammlungsfreiheit*, in: ISENSEE/KIRCHHOF (Hrsg), *Handbuch des Staatsrechts*, VI, *Freiheitsrechte*, Heidelberg: C. F. Müller, 1989 (citado: *Versammlungsfreiheit*).

KNEMEYER, Franz-Ludwig, *Polizei- und Ordnungsrecht*[6], München: C.H.Beck, 1995 (citado: *Polizei- und Ordnungsrecht*).

KOCH/RUBEL/HESELHAUS, *Allgemeines Verwaltungsrecht*[3], München: Luchterhand, 2003 (citado: *Allgemeines Verwaltungsrecht*).

LAUB, Karin, *Die Ermessensreduzierung in der Verwaltungsgerichtlichen Rechtsprechung*, München: Herbert Utz Verlag, 2000 (citado: *Die Ermessensreduzierung*).

LEBRETON, Gilles, *Libertés publiques et droits de l'Homme*[7], Paris : Armand Colin, 2005 (citado : *Libertés publiques*).

LERCHE, Peter, *Grundrechtlicher Schutzbereich, Grundrechtsprägung und Grundrechtseingriff*, in: ISENSEE/KIRCHHOF (Hrsg), *Handbuch des Staatsrechts*, V, *Allgemeine Grundrechtslehren*, Heidelberg: C. F. Müller, 1992 (citado: *Grundrechtlicher Schutzbereich*).

LETURCQ, Shirley, *Standards et Droits Fondamentaux devant le Conseil Constitutionnel Français et la Cour Européenne des Droits de l'Homme*, Paris : L.G.D.J., 2005 (citado : *Standards*).

LÜBBE-WOLFF, Gertrude, *Die Grundrechte als Eingriffsabwehrrechte*, Baden-Baden, Nomos, 1988 (citado : *Die Grundrechte*).

Manin, Philippe, *Droit Constitutionnel de L'Union Européenne*, Paris : Pedone, 2004 (citado : *Droit Constitutionnel de l'Union Européenne*).

Marnoco e Souza, *Constituição Politica da Republica Portuguêsa – Commentario*, Coimbra: França Amado, Editor, 1913 (citado: *Constituição Politica – Commentario*).

Medeiros, Rui, *A Carta dos Direitos Fundamentais da União Europeia, a Convenção Europeia dos Direitos do Homem e o Estado Português*, Lisboa: AAFDL, 2001 (citado: *A Carta dos Direitos Fundamentais da União Europeia*).

Melo Alexandrino, José de, *Estatuto Constitucional da Actividade de Televisão*, Coimbra: Coimbra Editora, 1998 (citado: *Estatuto Constitucional da Actividade de Televisão*);

—, *A greve dos juízes – segundo a Constituição e a dogmática constitucional*, in: *Estudos em Memória do Professor Marcello Caetano* (inédito), (citado: *A greve dos juízes*).

Menezes Cordeiro, António de, *Tratado de Direito Civil Português, I, Parte Geral, Tomo 1*, Coimbra: Almedina, 1999 (citado: *Tratado, I, Tomo 1*).

Miranda, Jorge, *Relatório com o programa, os conteúdos e os métodos do ensino de Direitos Fundamentais*, Separata da Revista da Faculdade de Direito da Universidade de Lisboa, Ano XXVI (citado: *Relatório*);

—, *La Constitution Portugaise et La Protection Internationale des Droits de l'Homme*, in: *Archiv des Völkerrechts*, Band 34, Heft 1, Março de 1996, p. 72 s ;

—, *Manual de Direito Constitucional, IV, Direitos Fundamentais[3]*, Coimbra: Coimbra Editora, 2000 (citado: *Direitos Fundamentais*);

—, *Sobre a Carta dos Direitos Fundamentais da União Europeia: Parecer Breve*,in *Revista da Faculdade de Direito da Universidade de Lisboa*, 2000, p. 17 s.

Miranda, Jorge / Medeiros, Rui, *Constituição Portuguesa Anotada*, I, Coimbra: Coimbra Editora, 2005 (citado: *Constituição Anotada*).

Miranda de Sousa, João Paulo, *O Direito de Manifestação*, in: Boletim do Ministério da Justiça, n.º 375, Abril de 1988 (citado: *O Direito de Manifestação*).

Moreira, Isabel, *Restrições ao Exercício de Direitos de Associação e de Greve de Agentes das Forças de Segurança*, in: Jorge Miranda (org.), *Estudos de Direito de Polícia*, II, Lisboa: AAFDL, 2003 (citado: in: *Estudos de Direito de Polícia*, II).

Moura Ramos, Rui, *O Tratado que Estabelece uma Constituição para a Europa e a Posição dos Tribunais Constitucionais dos Estados-Membros no Sistema Jurídico e Jurisdicional da União Europeia*, in: *Estudos em Homenagem ao Conselheiro José Manuel Cardoso da Costa*, II, Coimbra: Coimbra Editora, 2005 (citado: in: *Estudos Cardoso da Costa, II*).

MOTA DE CAMPOS, João, *Manual de Direito Comunitário*, Lisboa: Fundação Calouste Gulbenkian, 2000 (citado: *Direito Comunitário*).

NACCI, Paolo, *Libertà di Riunione*, in: SANTANIELLO (Dir.), *Trattato di Diritto Amministrativo*, XII, *Libertà Costituzionali e Limitti Amministrativi*, Padova: CEDAM, 1990 (citado: *Libertà di Riunione*).

OLIVEIRA ASCENSÃO, José de, *Direito Civil – Teoria Geral*, III, *Relações e Situações Jurídicas*, Coimbra: Coimbra Editora, 2002 (citado: *Teoria Geral do Direito Civil*, III).

OPPERMANN, Thomas, *Europarecht*[2], München: C. H. Beck, 1999 (citado: *Europarecht*).

OSSENBÜHL, Fritz, *Gedanken zur Kontrolldichte in der Verwaltungsgerichtlichen Rechtsprechung*, in: *Festschrift für Konrad Redeker*, München: C. H. Beck, 1993 (citado: in: *Fests Redeker*).

PACE, Alessandro, *Problematica delle libertà costituzionali – Parte speciale*[2], Padova: CEDAM, 1992 (citado: *Libertà costituzionali*).

PACHE, Eckhard, *Tatbestandliche Abwägung und Beurteilungsspielraum*, Tübingen: Mohr, 2001 (citado: *Tatbestandliche Abwägung*).

PALADIN, Livio, *Diritto Costituzionale*, Padova: CEDAM, 1991 (citado: *Diritto Costituzionale*).

PIEROTH/SCHLINK, *Grundrechte/Staatsrecht II*[16], Heidelberg: C.F.Müller, 2000 (citado: *Grundrechte*).

QUEIROZ, Cristina, *Direitos Fundamentais (Teoria Geral)*, Coimbra: Coimbra Editora, 2002 (citado: *Direitos Fundamentais*).

RAPOSO, João, *Autoridade e Discricionariedade: a Conciliação Impossível?*, Lisboa: Instituto Superior de Ciências Policiais e Segurança Interna, 2005 (citado: *Autoridade e Discricionariedade*).

REBELO DE SOUSA, Marcelo, *Lições de Direito Administrativo*, I, Lisboa: Lex, 1999 (citado: *Lições*).

REIS NOVAIS, Jorge, *As Restrições aos Direitos Fundamentais não Expressamente Autorizadas pela Constituição*, Coimbra: Coimbra Editora, 2003 (citado: *As Restrições*).

RIVERO, Jean / MOUTOUH, Hughes, *Libertés Publiques*, II[7], Paris: PUF, 2003 (citado: *Libertés Publiques*).

RÜHTERS, Bernd, *Rechtstheorie*, München: C. H. Beck, 1999 (citado: *Rechtstheorie*).

de SALVIA, Michele, *Lineamenti di diritto europeo dei diritti dell'uomo*, Padova: CEDAM, 1991 (citado: *Lineamenti*).

SARLET, Ingo, *Dignidade da Pessoa Humana e Direitos Fundamentais na Constituição Federal de 1988*[3], Porto Alegre: Livraria do Advogado, 2004 (citado: *Dignidade da Pessoa Humana*).

SCHMIDT, Walter, *Einführung in die Probleme des Verwaltungsrechts*, München: C. H. Beck, 1982 (citado: *Einführung*).

SCHULZE-FIELITZ, Helmuth, *Comentário ao artigo 8*, in: Horst Dreier (Herausg.), *Grundgesetz Kommentar*, I, Tübingen: Mohr, 1995 (citado: *Kommentar*).
SÉRVULO CORREIA, José Manuel, *Legalidade e Autonomia Contratual nos Contratos Administrativos*, Coimbra: Almedina, 1987 (citado: *Legalidade e Autonomia Contratual*);
—, *Polícia*, in: *Dicionário Jurídico da Administração Pública*, VI, Lisboa, 1994, p. 393 s (citado: *Polícia*);
—, *Direito do Contencioso Administrativo*, I, Lisboa: Lex, 2005 (citado: *Contencioso Administrativo*).
de SOUSA, António Francisco, *Direito das Armas*, Lisboa: SPB, 1996 (citado: *Direito das Armas*).
STERN/SACHS, *Der Staatsrecht der Bundesrepublik Deutschland*, Band III/1 e Band III/2, *Allgemeine Lehren der Grundrechte*, München: C. H. Beck, 1988 e 1994 (citado: *Staatsrecht*, III/1 ou III/2).
VIEIRA DE ANDRADE, José Carlos, *Os Direitos Fundamentais na Constituição Portuguesa de 1976³*, Coimbra: Almedina, 2004 (citado: *Direitos Fundamentais*).
de VIGNY, Alfred, *Servitude et Grandeur Militaires*, Paris: Garnier, 1955 (citado: *Servitude et Grandeur Militaires*).
VITORINO, António, *Carta dos Direitos Fundamentais da União Europeia*, Cascais: Principia, 2002 (citado: *Carta dos Direitos Fundamentais da União Europeia*).
WINKLER, Günther, *Grundfragen und aktuelle Probleme der Versammlungsfreiheit*, in: *Studien zum Verfassungsrecht*, Wien-New York: Springer, 1991 (citado: *Studien*).
YOUROW, Howard, *The Margin of Appreciation Doctrine in the Dynamics of European Human Rights Jurisprudence*, The Hague/Boston/London: Kluwer, 1996 (citado: *The Margin of Appreciation*).
XAVIER, Bernardo da Gama Lobo, *Direito da Greve*, Lisboa: Verbo, 1983 (citado: *Direito da Greve*).

ÍNDICE GERAL

Nota prévia 7

§1 Introdução 11

I. Apresentação do tema: as dificuldades na caracterização do interesse de liberdade protegido e dos fundamentos e modos de restrição da protecção 11
II. O papel da manifestação no Estado de direito democrático ... 15

§2 Fontes 19

III. O direito de manifestação na História do constitucionalismo português 19
IV. O enquadramento normativo vigente 20

§3 Âmbito de protecção 31

V. Natureza e função do âmbito de protecção do direito fundamental 31
VI. O interesse de liberdade protegido 34
VII. A protecção do interesse de liberdade através da afectação de posições de vantagem 48
VIII. Os comportamentos grupais excluídos do âmbito de protecção ao nível da Constituição 58
IX. O conceito constitucional de manifestação 59

§4 As restrições legislativas ao direito de manifestação 61

X. Natureza e autoria das restrições aos direitos fundamentais ... 61
XI. As restrições legislativas de tempo e lugar 65
XII. A definição legislativa de medidas de polícia das manifestações 66
XIII. As restrições legislativas de natureza estatutária 85

§5 **As restrições administrativas ao direito de manifestação** 95

XIV. A polícia administrativa das manifestações: ponderação de direitos e outros bens constitucionais em conflito e margem de livre decisão 95

XV. O controlo jurisdicional das medidas de polícia das manifestações: jurisdição e intensidade 105

§6 **Conclusões** 111

XVI. O cotejo do âmbito de garantia efectiva de manifestação como âmbito *prima facie* da protecção constitucional: uma consecução satisfatória? 111